始终保持清醒和坚定

大党难题与大党治理

黄相怀 等◎著

中国财经出版传媒集团
中国财政经济出版社

图书在版编目（CIP）数据

始终保持清醒和坚定：大党难题与大党治理 / 黄相怀等著 . -- 北京：中国财政经济出版社，2023.9

ISBN 978-7-5223-2320-6

Ⅰ . ①始… Ⅱ . ①黄… Ⅲ . ①中国共产党—党的建设—研究 Ⅳ . ① D26

中国国家版本馆 CIP 数据核字（2023）第 120772 号

责任编辑：胡　懿　　　　责任校对：胡永立

封面设计：WONDERLAND Book design 仙境 QQ:344581934　　　　责任印制：党　辉

始终保持清醒和坚定：大党难题与大党治理

SHIZHONG BAOCHI QINGXING HE JIANDING DADANG NANTI YU DADANG ZHILI

中国财政经济出版社 出版

URL：http://www.cfeph.cn

E-mail：cfeph@cfemg.cn

社址：北京市海淀区阜成路甲 28 号　邮政编码：100142

营销中心电话：010-88191522

天猫网店：中国财政经济出版社旗舰店

网址：https://zgczjjcbs.tmall.com

北京文昌阁彩色印刷有限责任公司印刷　各地新华书店经销

成品尺寸：165mm×235mm　16 开　14 印张　167 千字

2023 年 9 月第 1 版　2023 年 9 月北京第 1 次印刷

定价：42.00 元

ISBN 978-7-5223-2320-6

（图书出现印装问题，本社负责调换，电话：010-88190548）

本社图书质量投诉电话：010-88190744

打击盗版举报热线：010-88191661　QQ：2242791300

导 言

党的建设是一门科学

党的建设是一门科学[①]，这是中国共产党百年历史充分证明了的深刻道理，也是党在新时代推进伟大建设工程需要进一步体悟认识和付诸实践的深刻道理。

在新时期，改革开放和社会主义现代化建设取得巨大成就，党的建设新的伟大工程取得显著成效，为我们继续前进奠定了坚实基础、创造了良好条件、提供了重要保证。事实证明，没有这些保证护航，社会主义现代化建设事业不可能取得那么显著的成就。

与此同时，存在的问题也比较突出，“一系列长期积累及新出现的突出矛盾和问题亟待解决”。具体到党的建设领域，尤为显著者包括：“党内存在不少对坚持党的领导认识模糊、行动乏力问题，存在不少落实党的

① 姜信治：《深入推进新时代党的建设新的伟大工程》，《求是》2022 年第 24 期。

领导弱化、虚化、淡化问题，有些党员、干部政治信仰发生动摇，一些地方和部门形式主义、官僚主义、享乐主义和奢靡之风屡禁不止，特权思想和特权现象较为严重，一些贪腐问题触目惊心”。①

针对这些问题，以习近平同志为核心的党中央深入推进全面从严治党和新时代党的建设新的伟大工程，采取了一系列极其重大的措施，取得了许多极其重大的成就。

从党的领导方面看，习近平总书记强调必须坚持和加强党的领导，明确中国特色社会主义最本质的特征是中国共产党领导，中国特色社会主义制度的最大优势是中国共产党领导，中国共产党是最高政治领导力量，坚持党中央集中统一领导是最高政治原则，系统完善党的领导制度体系，党的领导得到了全方位、系统性加强。

从党的建设方面看，习近平总书记要求深入推进全面从严治党，坚持打铁必须自身硬，从制定和落实中央八项规定开局破题，提出和落实新时代党的建设总要求，以党的政治建设统领党的建设各项工作，坚持思想建党和制度治党同向发力，严肃党内政治生活，持续开展党内集中教育，提出和坚持新时代党的组织路线，突出政治标准选贤任能，加强政治巡视，形成比较完善的党内法规体系，等等。

以震慑力最大的反腐败为例，党的十八大以来，全国纪检监察机关立案审查调查553名中管干部，含十八届中央委员、中央候补委员

① 习近平：《高举中国特色社会主义伟大旗帜 为全面建设社会主义现代化国家而团结奋斗——在中国共产党第二十次全国代表大会上的报告》，人民出版社2022年版，第4—5页。

49人，十八届中央纪委委员12人，十九届中央委员、中央候补委员12人，十九届中央纪委委员6人。处分厅局级干部2.5万多人、县处级干部18.2万多人。[①]反腐败斗争，全面从严治党，史无前例。

党的精神面貌焕然一新，更加团结统一：全党增强“四个意识”，自觉在思想上政治上行动上同党中央保持高度一致，不断提高政治判断力、政治领悟力、政治执行力，确保党中央权威和集中统一领导，确保党发挥总揽全局、协调各方的领导核心作用。更加保质保色保味：党找到了自我革命这一跳出治乱兴衰历史周期率的第二个答案，自我净化、自我完善、自我革新、自我提高能力显著增强，管党治党宽松软状况得到根本扭转，风清气正的党内政治生态不断形成和发展。更加赢得政治主动历史主动：没有全面从严治党的革命性锻造，就不会有今天这样一个高度团结、坚强有力的中国共产党，就不会有在困难面前万众一心、众志成城的党群关系。

管党治党兴党强党，理论创新硕果累累。

关于“大党独有难题”。习近平总书记指出：“如何始终不忘初心、牢记使命，如何始终统一思想、统一意志、统一行动，如何始终具备强大的执政能力和领导水平，如何始终保持干事创业精神状态，如何始终能够及时发现和解决自身存在的问题，如何始终保持风清气正的政治生态，都是我们这个大党必须解决的独有难题。”[②]显然，解决好集中

① 参见王鑫昕等：《百年大党的自我革命》，《中国青年报》2022年10月18日。
② 《习近平在二十届中央纪委二次全会上发表重要讲话强调　一刻不停推进全面从严治党　保障党的二十大决策部署贯彻落实》，《人民日报》2023年1月10日。

表现为“六个如何”的大党独有难题，是实现新时代新征程党的使命任务必须迈过的一道坎，是全面从严治党适应新形势新要求必须啃下的硬骨头。

关于“党的自我革命”。跳出历史周期率问题，是关系党千秋伟业的一个重大问题，关系党的生死存亡，关系我国社会主义制度的兴衰成败。如何跳出历史周期率？党始终在思索、一直在探索。毛泽东在延安的窑洞里给出了第一个答案，这就是“让人民来监督政府”；经过百年奋斗，特别是党的十八大以来新的实践，党又给出了第二个答案，这就是自我革命。

关于管党治党中一系列重大关系。诸如，不变质与不变色的关系、自我革命与社会革命的关系、党纪与法律的关系、党风政风与社风民风的关系、治标与治本的关系、向纵深推进与向基层延伸的关系、关键少数与绝大多数的关系、制度优势与治理效能的关系等，这些都是关乎新时代党的建设新的伟大工程的重大问题。

党的建设这门科学内涵更加丰富。

关于党的领导。党的二十大报告强调“坚持科学执政、民主执政、依法执政，贯彻民主集中制，创新和改进领导方式，提高党把方向、谋大局、定政策、促改革能力，调动各方面积极性”[①]，特别是“创新和改进领导方式”提得很亮眼。

① 习近平：《高举中国特色社会主义伟大旗帜　为全面建设社会主义现代化国家而团结奋斗——在中国共产党第二十次全国代表大会上的报告》，人民出版社2022年版，第65页。

关于激励干部担当作为。党的二十大报告强调“完善干部考核评价体系，引导干部树立和践行正确政绩观，推动干部能上能下、能进能出，形成能者上、优者奖、庸者下、劣者汰的良好局面”，“坚持严管和厚爱相结合，加强对干部全方位管理和经常性监督，落实‘三个区分开来’，激励干部敢于担当、积极作为”，① 干部担当作为中存在的问题容易看到但不容易解决，非常值得深入思考。

关于纠治“四风”。党的二十大报告强调“锲而不舍落实中央八项规定精神，抓住‘关键少数’以上率下，持续深化纠治‘四风’，重点纠治形式主义、官僚主义，坚决破除特权思想和特权行为”②，“重点纠治形式主义、官僚主义”引人深思。

我们党正是从“党的建设是一门科学”的判断出发，从新时代我们党推进党的建设新的伟大工程遇到的深层次问题出发，认清党建工作中规模与质量的关系、守正与创新的关系、理想与现实的关系、激励与约束的关系、利益与道义的关系、变革与因循的关系、当前与长远的关系等，这些都是新时代推进全面从严治党的若干理论难题。

习近平总书记指出：“强国建设、民族复兴的宏伟目标令人鼓舞、催人奋进，我们这一代共产党人使命光荣、责任重大。”③ 不断增强党的

---

① 习近平：《高举中国特色社会主义伟大旗帜　为全面建设社会主义现代化国家而团结奋斗——在中国共产党第二十次全国代表大会上的报告》，人民出版社 2022 年版，第 67 页。

② 习近平：《高举中国特色社会主义伟大旗帜　为全面建设社会主义现代化国家而团结奋斗——在中国共产党第二十次全国代表大会上的报告》，人民出版社 2022 年版，第 68 页。

③ 《学习贯彻习近平新时代中国特色社会主义思想主题教育工作会议在京召开，习近平发表重要讲话强调 扎实抓好主题教育 为奋进新征程凝心聚力》，《人民日报》2023 年 4 月 4 日。

自我净化、自我完善、自我革新、自我提高能力，一定要把党建设好、建设强，使我们党始终充满蓬勃生机和旺盛活力，始终成为中国特色社会主义事业的坚强领导核心，成为强国建设、民族复兴宏伟目标实现的巨大推进动力。

目录

第一章

正确处理自我革命与社会革命的关系

2022 年 10 月 16 日，世界的目光、历史的镜头再次聚焦北京人民大会堂，中国共产党第二十次全国代表大会正在召开。

习近平总书记在党的二十大报告中指出：“我们党作为世界上最大的马克思主义执政党，要始终赢得人民拥护、巩固长期执政地位，必须时刻保持解决大党独有难题的清醒和坚定。”[①] 习近平总书记掷地有声的话语，彰显了党的领袖高瞻远瞩的战略境界、党中央攻坚克难的历史自信和当代中国共产党人居安思危的政治清醒。

历史的镜头回放到 5 年前，2017 年 10 月 25 日，北京人民大会堂。

在十九届中共中央政治局常委同中外记者见面会上，习近平总书记指出：“中国共产党是世界上最大的政党。大就要有大的样子。”[②] 这是对中国共产党人的鞭策和要求，警醒全党同志必须时刻牢记“大”的要求、“大”的责任和“大”的担当。

人们在这里沉思：这“大的样子”，该是什么样?

历史在这里凝思：这“大的样子”，该如何锻造?

---

① 习近平：《高举中国特色社会主义伟大旗帜 为全面建设社会主义现代化国家而团结奋斗——在中国共产党第二十次全国代表大会上的报告》，人民出版社 2022 年版，第 63 页。

② 《习近平谈治国理政》第三卷，外文出版社 2020 年版，第 67 页。

——苏联共产党在拥有 20 万党员的时候，取得了十月革命的胜利；在拥有 200 万党员的时候，赢得了卫国战争的胜利；在拥有近 2000 万党员的时候，却遭遇了苏共倒台和苏联解体。——这，显然不是“大的样子”！

——根据《中国共产党党内统计公报》，截至 2022 年 12 月 31 日，中国共产党党员总数为 9804.1 万名，其中新中国成立前入党的 9.6 万名，新中国成立后至党的十一届三中全会前入党的 1360.9 万名，党的十一届三中全会后至党的十八大前入党的 6053.2 万名，党的十八大以来入党的 2380.5 万名；党的基层组织有 506.5 万个，其中基层党委 28.9 万个，总支部 32.0 万个，支部 445.6 万个。[①]——这，显然也不只是“大的样子”！

既然，这“大的样子”既不是像苏共那样的马克思主义政党的样子，也不只是党员人数超大规模和组织体系超大规模的样子，那么，这“大的样子”该是什么样呢？

历史的镜头继续拉伸、回放，从百年大党奋斗历程的视角，我们能够看到一个完整的马克思主义政党的发展壮大。

从 1921 年党的一大召开时全国 50 多名党员到今天的 9800 多万名党员，从早期的 6 个国内党组织到今天的 500 多万个基层党组织，从党的一大为躲避搜查而易地开会到今天执掌全国政权 70 多年并且使一个 14 亿多人口的东方大国成为世界第二大经济体，这 100 余年创造了史无

① 参见《中国共产党党内统计公报》，《人民日报》2023 年 7 月 1 日。

先例的伟大奇迹，也锻造出了一个世所罕见的伟大政党。——这就是中国共产党，一个立志于中华民族千秋伟业、风华正茂的百年大党！

“大”，在中国传统文化中有着深厚渊源和丰富内涵。《周易·丰卦》中就有此意：“丰，大也。”从“丰”卦的卦象来看，是“离下震上”：“离”为火，有光明之意；“震”为雷，有活跃之意，因此“离下震上”构成的“丰”卦，就有了光明且活跃的盛大之象征。“然王者至此，盛极当衰，则又有‘忧’道焉，圣人以为徒‘忧’无益，但能守常，不至于过盛则可矣。”所以，“丰”卦的卦辞又有“勿忧，宜日中”，即“日中则昃，月盈则食”，意思是说，要想“盛而不衰”，就“不可过中”。[①]

在中国古代文化中，向来就有“大一统”的政治传统。“大一统”一词最早可见于《春秋公羊传》，在这里“大”的意思是“尊”“贵”，而“统”的意思是“始”，所以“大一统”的最初意思就应该是“尊于一始”。[②]可以说，中国在春秋战国至秦朝所开创的“大一统”历史，对其后2000多年的中国和世界历史都产生了深远影响。“过去的2000年里，有1800年中国在世界国内生产总值中所占的比例都要超过任何一个欧洲国家。直至1820年，中国在世界国内生产总值的比例仍大于30%，超过了西欧、东欧和美国国内生产总值的总和。”[③]因此，著名历史学家钱穆曾称赞道，中国人是政治的天才，能够创制优良的政治制度

① 参见［宋］朱熹：《周易本义》，中华书局2009年版，第194、195页。
② 参见黄铭、曾亦译注：《春秋公羊传·隐公第一》，中华书局2016年版，第3页。
③ ［美］亨利·基辛格：《论中国》，胡利平等译，中信出版社2015年版，第8页。

来完成其大一统之局面，维持此局面历数千年之久而不败，这是中国历史之无上成绩。[①] 历史是有延续的。中国共产党诞生于现代中国、植根于历史文化、面向着未来发展，是中华民族历史文化传承不辍的责任承担者和使命践行者。因此，理性继承和不断创新政治传统和文化思想，不仅是主观愿望，也是客观必然。

列宁曾经说过："给我们一个革命家组织，我们就能把俄国翻转过来！"[②] 列宁从建党初期就反复申明，必须建立一个组织严密和纪律严格的职业革命家组织，历史证明他做到了。

实际上，中国共产党也把中国给翻转了过来。靠的是什么？原因有很多，但一个基本的原因，就是组织，而且这个组织既要有数量，更要有力量。

数量是力量的物理基础，力量是数量的化学重组。

事物的发展，既要有"物理变化"，更要有"化学变化"。"物理变化"是量的积累、规模的壮大，而"化学变化"则是量的飞跃、本质的变化。

对一个真正的马克思主义政党自身发展来说，亦是如此。

成员的数量，体现的是一个政党形成的规模。

组织的力量，彰显的是一个政党发展的质量。

中国共产党从成立之初，对此就特别重视，既注重不断增加组织的数量、扩大组织的规模，也注重不断壮大组织的力量、提升组织的质量。

---

① 参见钱穆：《中国历史研究法》，生活 · 读书 · 新知三联书店 2001 年版，第 21 页。
② 《列宁选集》第一卷，人民出版社 2012 年版，第 406 页。

中国共产党以实现中华民族伟大复兴为目标、为己任。国家富强、民族振兴、人民幸福，是近代以来全体中国人的伟大梦想，凝结着一代代中国共产党人的初心使命、接续奋斗和历史担当。为了实现这一目标，中国共产党不仅刷新了人类政党史上党员人数超大规模、组织体系超大规模的最高纪录，而且更关键的是锻造和形成了自身“盛而不衰”的生存和发展密码，即胸怀天下的坚定政治信仰、代表广泛的牢固群众基础、发挥作用的良好组织体系和永葆朝气的长效发展机制，从而破解了中国共产党自身建设“规模与质量”的难题。

一、中国共产党铸就了坚定政治信仰

晋代葛洪《抱朴子》有言：“志合者，不以山海为远；道乖者，不以咫尺为近。故有跋涉而游集，亦或密迩而不接。”

以共同理想立足的政党，才能汇聚起惊人的力量。

理想，对于个人而言，是一种被赋予的意义；个人追求理想的过程，就是信念成之为信念的过程，就是获得强大内心力量的过程，就是实现人生意义的过程。一个人不能没有理想，一个政党更是如此。一个没有理想的政党就如同乌合之众；反之，只有用崇高的理想塑造起来的政党才有生命力、号召力、战斗力和影响力。

习近平总书记指出：“革命理想高于天。理想信念之火一经点燃，就永远不会熄灭。”[1]共产主义远大理想、中国特色社会主义共同理想，是共产党人的“根”和“魂”，须臾不可缺，片刻不可离。中国共产党从成立以来就致力于为人民谋幸福、为民族谋复兴、为国家谋富强、为人类谋大同，这种胸怀天下的理想信念，成为中国共产党人的坚定政治信仰，激励着他们接续奋斗，不断前行，战胜一个又一个困难，取得一次又一次胜利。

今天的北京市东城区五四大街29号，是北京大学红楼所在地，1919年北京大学的学生就是从这里走到天安门，揭开了中国历史上著名的五四运动的序幕。距此向西相隔两条主要的街道，即沙滩后街59号，有一处叫作“亢慕义斋”的历史旧址，也叫北京大学二院，这是早期北京大学马克思学说研究会收集、研究、传播共产主义的主要场所。

1920年3月，在李大钊指导下，邓中夏、高君宇等19人在北京大学秘密成立马克思学说研究会；甫一成立，研究会便找北大校长蔡元培要了两间屋子作为活动场所，一间是办公室，一间当图书室，即“亢慕义斋”。

“亢慕义斋”是什么意思呢?

中国的知识分子，素来喜欢将自己的书房称作“斋”，这一文雅习惯延续至今。“亢慕义”是德文“Kommunismus”的音译，意为共产主义。“亢慕义斋”即为“共产主义室”。

“亢慕义斋”在学习和研讨马克思主义的过程中逐步认识到，过去

① 习近平:《用好红色资源，传承好红色基因 把红色江山世世代代传下去》,《求是》2021年第10期。

的一切运动都是少数人的，或者说是为少数人谋利益的运动，而无产阶级的运动则是绝大多数人的，为绝大多数人谋利益的运动。简而言之，“亢慕义”也就是共产主义，在当时的中国知识分子看来，与“大同世界”“天下为公”“以天下为己任”等中国传统思想，有着某种程度的文化联系，自然就很容易拉近彼此之间的情感距离。

因此，不论从形式上还是从内容上看，“亢慕义斋”这个表述，都可以看作是西方的马克思主义学说与中国文化传统的一个巧妙结合，这或许是马克思主义中国化的开始。对马克思主义的信仰，就是对共产主义的信仰，因为共产主义信仰就是来自马克思主义的科学，是科学和信仰的统一。

从“亢慕义”这一表述中，我们也不难感受到：今天人们所熟悉的共产主义，在当时的现实中并未完全实现，仍不过是一个抽象的理论模型，甚至连其名称都还是一个比较模糊的概念。然而，共产主义，因其反映了历史发展的规律而成为真理，广大人民接受并追随之，这就是信仰的力量！

“亢慕义斋”培养了一大批信仰共产主义的积极分子，在第一批 19 名成员中，就有 16 人加入了中国共产党，成为我们党最早一批党员。从这一时期开始，正是对“亢慕义”朴素而坚定的共同信仰，孕育了中国共产党，让一代代中国人凝聚了起来，在中国共产党的带领下勇往直前以赴之、断头流血以从之、殚精竭虑以成之。中国，正需要这样一种众望所归的信仰！

信仰是什么味道？恐怕只有坚信笃行它的人才能真切体会。

1920 年早春的一个夜里，浙江义乌分水塘村一间久未修葺的柴屋内，一个年轻人正伏在临时搭建的无比简陋的木板上，就着微弱的灯光不时地蘸着墨汁奋笔翻译着一本新书。不远处，他的母亲特意为他准备了粽子和红糖，当母亲再次进来准备收拾碗筷的时候，却发现儿子的嘴巴上满是墨汁，而一旁的红糖却一点都没动。原来，儿子太过专注于译书，竟然蘸着墨汁吃掉了粽子！故事的主人公叫陈望道，彼时他所翻译的正是日后传遍九州、改变中国的经典著作——《共产党宣言》！1920 年 8 月，首个中文全译本的《共产党宣言》面世，就在它印刷发行 300 多天之后，1921 年 7 月 23 日，中国共产党第一次全国代表大会在上海召开。90 多年之后，习近平总书记曾在不同的场合多次讲述了这个故事，并意味深长地说："真理的味道非常甜。"

邓小平也是一个典型代表。1926 年 1 月，赴苏留学期间，邓小平在自传中立志："更坚决的把我的身子交给我们的党，交给本阶级。从此以后，我愿意绝对的受党的训练，听党的指挥，始终为无产阶级的利益而争斗！"[①] 直到 1985 年 7 月，邓小平在会见美籍华人物理学家李政道时仍说，"我们说要有理想，主要是两条。第一条是为共产主义奋斗终生，搞社会主义建设；第二条是爱国主义"[②]。他着重强调，理想信念是共产党人在"天天准备杀头"的艰苦环境下坚持革命的重要因素，没有

① 《邓小平年谱（1904—1974）》（上），中央文献出版社 2009 年版，第 28—29 页。
② 《邓小平思想年谱（1975—1997）》，中央文献出版社 1998 年版，第 328 页。

理想信念，就无法坚定自己的革命意志，无法把革命推向前进。邓小平的这些话，不仅体现出他的远见卓识，更体现出他对共产主义理想信念始终如一的坚持、坚守和坚定。

近代以来，数不胜数的政党出现在中国的历史舞台之上，有的是始兴终衰，有的是昙花一现，有的是破败凋零。

放眼世界，各国也都上演过自己的林林总总的政党政治，有的是烧钱游戏，有的是相互攻击，有的是愚弄人民。

有哪一个政党能像中国共产党这样越来越强？

又有哪个国家的政党的成就能与中国共产党相媲美？

其原因，究竟何在？

据《习近平用典》一书介绍，习近平总书记曾引用清朝学者金缨《格言联璧》中的名句："志之所趋，无远弗届，穷山距海，不能限也。志之所向，无坚不入，锐兵精甲，不能御也。"大意是，心怀天下、志存高远的人，再遥远的距离即使跋山涉水也能到达，再精锐的军队也无法阻挡他的前进。习近平总书记进而强调："信仰、信念、信心，任何时候都至关重要。小到一个人、一个集体，大到一个政党、一个民族、一个国家，只要有信仰、信念、信心，就会愈挫愈奋、愈战愈勇，否则就会不战自败、不打自垮。"①

那么，中国共产党得以发展壮大并取得举世瞩目的成就，背后的原

① 《十九大以来重要文献选编》（上），中央文献出版社 2019 年版，第 739 页。

因究竟是什么呢？

《共产党宣言》早就给出了答案："共产党人不屑于隐瞒自己的观点和意图。他们公开宣布：他们的目的只有用暴力推翻全部现存的社会制度才能达到。让统治阶级在共产主义革命面前发抖吧。无产者在这个革命中失去的只是锁链。他们获得的将是整个世界。"[①]

以天下为己任者，天下归之！

中国共产党之所以能在现代中国各种政治力量的反复较量中脱颖而出、走在时代前列、成为中国人民和中华民族的主心骨，从根本上讲，是由于中国共产党立志于中华民族千秋伟业，"此其所挟持者甚大，而其志甚远也"！

这就是中国共产党的信仰，激荡着一种胸怀天下的气魄，为了这世间的大多数，反对着一切的不公平，一代代共产党人慷慨赴难、甘之如饴！这既是历史的接力，也是信仰的传递！

二、中国共产党筑牢了广泛群众基础

先贤老子在《道德经》中说："圣人常无心，以百姓心为心。"这已经清晰表明了"得民心者得天下"的道理。

时刻为了百姓的政党，才能够真正为百姓所拥戴。

1944 年 9 月 8 日，延安，枣园。这一天恰巧是二十四节气中的白

① 《共产党宣言》，人民出版社 2018 年版，第 65 页。

露，一向秋高气爽的延安这一天却显得云暗天低、河闷山沉。一场特殊的追悼会正在召开。

说它特殊，因为这不仅是中国共产党成立以来第一次为一位普通的战士举行的追悼会，而且在这一天的上午，毛泽东亲笔题写挽词："向为人民利益而牺牲的张思德同志致敬"；下午，毛泽东还发表了饱含深情的讲演，这就是后来广泛流传的经典之作——《为人民服务》。

"中国人民正在受难，我们有责任解救他们，我们要努力奋斗。要奋斗就会有牺牲，死人的事是经常发生的。但是我们想到人民的利益，想到大多数人民的痛苦，我们为人民而死，就是死得其所。""为人民利益而死，就比泰山还重；替法西斯卖力，替剥削人民和压迫人民的人去死，就比鸿毛还轻。"[①] 毛泽东一再告诫全党："共产党人的一切言论行动，必须以合乎最广大人民群众的最大利益，为最广大人民群众所拥护为最高标准。"[②] 言重九鼎，风靡四海。从此以后，"全心全意为人民服务"就成为中国共产党人精神谱系之中最为耀眼的标志，彰显了中国共产党"代表谁、为了谁"的价值追求，铸就中国共产党的根本宗旨，日渐成为全体共产党人的行为准则。

从另一个角度来看，被中国共产党心心念念、始终不离不弃的最广大人民群众，又何尝不是时时刻刻把共产党看成是"自家人"呢！

大别山，一座红色的山、革命的山、壮烈的山、英雄的山、光荣的

① 《毛泽东选集》第三卷，人民出版社 1991 年版，第 1005、1004 页。
② 《毛泽东选集》第三卷，人民出版社 1991 年版，第 1096 页。

山！大别山见证了中国革命的伟大历程，大别山革命也成为中国革命的缩影，创造了“二十八年党的红旗不倒，二十八年革命火种不灭”的雄壮纪录：从 1921 年中国共产党诞生到 1949 年新中国诞生，大别山先后有 200 多万人参军参战，近百万人英勇牺牲，仅登记在册的烈士就有 130351 人；当时不足 10 万人的新县，在历次斗争中牺牲了 5.5 万余人；不足 23 万人口的金寨县，先后有 10 万余人参加革命，绝大多数血洒疆场、英勇牺牲。“家家有红军、户户有烈士”。“最后一把米拿去当军粮，最后一块布拿去做军装，最后一个儿送去上战场”，是当时大别山儿女支援中国革命的真实写照。

牺牲如此之大，历时如此之久，斗争如此激烈，大别山地区的这些英雄儿女，为什么能够做到前仆后继、甘愿跟随共产党冒巨大风险，甚至舍弃生命？

因为他们深知：共产党能够体会他们的苦难！

而且他们坚信：共产党能够解除他们的苦难！

2020 年，习近平总书记在安徽考察期间曾指出：“鄂豫皖苏区能够 28 年红旗不倒，新四军能够在江淮大地同敌人奋战到底，刘邓大军千里跃进大别山能够站住脚、扎下根，淮海战役能够势如破竹，百万雄师过大江能够气吞万里如虎，根本原因是我们党同人民一条心、军民团结如一人。”[①]

---

① 杜尚泽等：《下好先手棋，开创发展新局面——记习近平总书记在安徽考察》，《人民日报》2020 年 8 月 24 日。

这正是“坚守信念、胸怀全局、团结奋进、勇当前锋”的“大别山精神”！大别山精神所揭示的，正是中国共产党的最大优势所在——群众拥护。人民群众对党的无限忠诚，与党对人民群众的款款深情，血浓于水，弥足珍贵!

群众拥护这一最大优势，来自于中国共产党始终代表着最广大人民群众的根本利益。习近平总书记曾经指出:“全党必须牢记，为什么人的问题，是检验一个政党、一个政权性质的试金石。带领人民创造美好生活，是我们党始终不渝的奋斗目标。”[①]中国共产党自诞生以来，就立志为人民的利益而奋斗，正如入党誓词中所明确的那样，“随时准备为党和人民牺牲一切”，已成为每个共产党员的崇高信仰。

群众拥护这一最大优势，来自于中国共产党始终把广大人民群众作为力量的源泉。人民群众是历史活动的主体、是历史的创造者、是社会变革的决定力量，这是唯物史观揭示的一个基本的历史规律。习近平总书记曾经指出:“人民群众有着无尽的智慧和力量，只有始终相信人民，紧紧依靠人民，充分调动广大人民的积极性、主动性、创造性，才能凝聚起众志成城的磅礴之力。”[②]中国共产党自诞生之日起，就深深植根于人民群众之中，紧紧依靠人民群众来完成不同历史时期的工作任务。正是因为紧密联系人民群众，中国共产党才有了取之不尽、用之不竭的力量源泉，党的事业才能够从胜利走向新的胜利。

---

① 《十九大以来重要文献选编》(上)，中央文献出版社 2019 年版，第 31—32 页。
② 《十八大以来重要文献选编》(下)，中央文献出版社 2018 年版，第 399 页。

群众拥护这一最大优势，来自于中国共产党始终保持同广大人民群众的血肉联系。无产阶级政党的性质，决定了中国共产党同人民群众的血肉联系，既是理论的又是实践的，因而也是历史的和现实的。习近平总书记曾经指出，“党与人民风雨同舟、生死与共，始终保持血肉联系，是党战胜一切困难和风险的根本保证”①。正是这种血肉联系，赢得了人民群众的信任，得到了人民群众的支持，党和人民才能始终站在一起，同呼吸、共命运，战胜革命、建设和改革中遇到的各种挑战与困难。

习近平总书记指出，“人民对美好生活的向往就是我们的奋斗目标”②。这不仅说明中国共产党始终代表着最广大人民群众的根本利益，也充分体现了中国共产党情系群众、关注民生的为民情怀，同时还指明了中国共产党主动肩负起对人民的责任。

2020 年以来，面对席卷全球的新冠疫情，中国共产党和中国政府交出了优异的历史答卷，得到了中国人民的强烈拥护，受到了世界上坚持正义的国家和地区的普遍认可。

中国共产党一切工作的出发点和落脚点就是实现好、维护好、发展好最广大人民根本利益。在人民群众的所有利益中，生命权是最为宝贵、最为重要的根本利益。因此，坚持人民立场、维护人民利益就必须坚持生命至上，这是中国人民敬仰生命的人文精神的必然要求和根本体现，也是党的初心使命的根本要求。正因如此，在伟大的抗疫斗争中，

① 《习近平谈治国理政》第二卷，外文出版社 2017 年版，第 40 页。
② 《习近平谈治国理政》第三卷，外文出版社 2020 年版，第 66 页。

我们党始终坚持人民至上、生命至上理念，不惜一切代价挽救人民生命，尽心尽力拯救每一位患者，真正做到了对人的生命、人的价值、人的尊严的悉心呵护与百般关爱，集中彰显了以人民为中心的价值追求，充分激发了人民群众的斗争精神与创造热情，形成了抗击疫情的磅礴力量，同时也进一步密切了党同人民群众的血肉联系，加深了党和人民的鱼水之情。

习近平总书记指出："江山就是人民、人民就是江山，打江山、守江山，守的是人民的心。"[①] 中国共产党根基在人民、血脉在人民、力量在人民。广泛地代表人民群众、历久弥坚的群众基础，既是人民群众的信任和重托，也是中国共产党的主动与担当，保证了人民群众的根本利益，凝聚着党和人民群众的血肉联系，因此，才能不断地汇聚起 14 亿多中国人民推动中华民族伟大复兴的磅礴力量，创造一个又一个伟大的人间奇迹！

三、中国共产党彰显着独特组织优势

晏婴在《晏子春秋 · 内篇谏下》中讲道："吾尝从君济于河，鼋衔左骖，以入砥柱之中流。""中流砥柱"一词便由此而来，往往被用来比喻坚强独立的人能在动荡艰难的环境中起支柱作用，也比喻在动荡艰难

① 习近平：《在庆祝中国共产党成立 100 周年大会上的讲话》，人民出版社 2021 年版，第 11 页。

的环境中能起支柱作用的力量。

历史关头发挥了关键作用的政党，往往被称为中流砥柱。

历史关头能发挥关键作用的政党，才有资格被称为中流砥柱。

1921 年以来中国历史的中流砥柱，中国共产党当之无愧。不论是新民主主义革命时期，还是社会主义革命和建设时期，以及改革开放和社会主义现代化建设新时期，直到当今中国特色社会主义新时代，中国共产党总能在应对各式各样的历史风险挑战中彰显强大而独特的组织动员能力，各级党组织和党员积极发挥着战斗堡垒和先锋模范作用，一次次通过时代的大考、一次次经受住历史的考验、一次次赢得人民的点赞。

新民主主义革命时期，中国共产党的作用发挥，集中体现在扩大与巩固党的基础，动员和组织广大党员冲锋陷阵。中国共产党从建党之初到 1927 年，从最初的 50 多名党员，发展到近 5.8 万名，罗荣桓、徐向前、粟裕等都是在这一时期入党的。1927 年蒋介石、汪精卫发动反革命政变、对中国共产党人展开血腥大屠杀后，第一次大革命最终宣告失败，中国共产党党员总数一下子锐减了 4 万多人。但正是这剩下的 1 万多名经历过血雨腥风后存活下来的中国共产党党员，埋下革命的种子，以“星星之火可以燎原”的革命态势，经过艰苦的努力和顽强的斗争，使得中国共产党党员总数在 1930 年很快达到了 12 万人，15 年后，也就是抗战胜利前夕发展到 120 多万人。

这一时期，中国共产党始终将发展党员、壮大队伍与反抗国民党“围剿”、挽救民族危亡作为建党之基、立党之本，同时又非常注重保持党的无产阶级先锋队性质和坚强的战斗力，以便在反抗国民党反动派、争取民族独立中发挥更大作用。1921 年 7 月党的第一次代表大会讨论通过的《中国共产党第一个纲领》第四条规定："凡承认本党纲领和政策，并愿成为忠实党员的人，经党员一人介绍，不分性别、国籍，均可接收为党员，成为我们的同志。但在加入我们队伍之前，必须与企图反对本党纲领的党派和集团断绝一切联系。"[①] 这些规定，突出强调的是党员必须对党忠诚并坚决拥护党纲。中国共产党强调，"党员在质量上不发展，单是在数量上发展，不但无益，而且足以使党的组织更加松懈"[②]。瓦窑堡会议确立吸收新党员的主要标准是"能否为党所提出的主张而坚决奋斗"[③]，改变过去"唯成分论"的片面观点，从而有力地促进和增强了党的凝聚力和战斗力。

社会主义革命和建设时期，中国共产党的作用发挥，集中体现在确立社会主义制度、巩固人民政权、发展国民经济上。新中国成立初期，为适应蓬勃展开的生产建设需要，中国共产党进行县以上主要领导成员的挑选、配备和申报工作，大力培养选拔有文化、懂管理、懂技术、懂财贸的党员干部队伍。从 1952 年到 1954 年，抽调到工业部门的有 16 万人，仅为 156 项重点工程就选调 3000 多名领导干部。到 1957 年 6 月底，全国 11 万名高级知识分子中，有党员 1.7 万名，李四光、钱学森等

① 《建党以来重要文献选编（1921—1949）》第一册，中央文献出版社 2011 年版，第 1—2 页。
② 《建党以来重要文献选编（1921—1949）》第二册，中央文献出版社 2011 年版，第 524 页。
③ 《建党以来重要文献选编（1921—1949）》第十二册，中央文献出版社 2011 年版，第 549 页。

都是那个时期入党的。1962 年，专业技术干部达到 210 万人，90% 左右是新中国成立后培养起来的，是新中国成立后各条战线上的业务精英和管理骨干的杰出代表。

这一时期，中共中央发出《关于发展和巩固党的组织的指示》，直面问题，明确方向，并采取创新的方式建党强党。如提出以公开建党的口号来代替“自报、公议、党批准”的建党方法，旨在引导党员积极发挥作用，密切党群联系，接受群众监督。1951 年刘少奇在第一次全国组织工作会议上发表了《为更高的共产党员的条件而斗争》的总结讲话，他在讲话中强调指出：“党员是人民的勤务员，不是人民的‘老爷’。”① 这对保持和提高党的纯洁性和战斗力具有十分重要的意义。需要说明的是，这一时期党的组织建设，尤其是党员队伍建设的指导思想，与 1956 年党的八大通过的党章精神完全符合。该党章规定的党员义务第七条规定：“在工作中起模范作用，不断地提高生产技术和业务能力”②。这与这一时期党和国家各项事业发展的迫切需要是完全契合的。

改革开放和社会主义现代化建设新时期，中国共产党的作用发挥，集中体现在实现拨乱反正、实行改革开放、推进中国特色社会主义事业。1976 年粉碎“四人帮”以后，党和国家面临的最大难题就是“人才匮乏”。因此，中国共产党注重扩大党的组织覆盖和工作覆盖，不断集聚各方面优秀人才，为党和国家事业发展提供源源不断的人才支撑。从

① 《建国以来重要文献选编》第二册，中央文献出版社 1992 年版，第 208 页。
② 《建国以来重要文献选编》第九册，中央文献出版社 1994 年版，第 321 页。

平反冤假错案、落实干部政策到建设“四化”干部队伍，从新老干部的合作和交替到推进干部人事制度改革，干部队伍素质不断提高；从“一定三有”到“四议两公开”，从有形覆盖到有效覆盖，基层党建愈加根深叶茂；从“科学的春天”到“人才的春天”，从“下海潮”到“海归潮”，人才事业越来越兴旺。值得一提的是，1982 年召开的党的十二大对党章作了许多重要的修改，对党员条件进行了精到、准确的界定，其中党章第三条从勤学习、强实践、爱奉献、守纪律、重团结、讲省身、敬群众、尚道德等八个方面对党员的言行实践进行了规范，凸显了发挥党员先锋模范作用和为人民服务的宗旨，强调了奋斗精神、奉献意识、纪律观念等内容。

这一时期，中国共产党始终坚持社会主义初级阶段基本路线，积极探索新阶段党组织和党员作用发挥的新途径，先后组织开展整党、“三讲”教育、“三个代表”重要思想学习教育、保持共产党员先进性教育、深入学习实践科学发展观等教育实践活动。值得一提的是，2002 年 11 月中国共产党第十六次全国代表大会，首次把非公有制经济组织中党组织职责任务写入党章。

需要强调的是，党的十六大通过的党章对申请入党条件进行了修改：“年满十八岁的中国工人、农民、军人、知识分子和其他社会阶层的先进分子”，“可以申请加入中国共产党”。[①] 党章用“其他社会阶层

① 《十六大以来重要文献选编》（上），中央文献出版社 2011 年版，第 46、47 页。

的先进分子”替代之前“其他革命分子”的表述，反映出党在改革开放以来对国家和社会发展形势的准确认识和判断，凸显了党的实事求是、理论联系实际的优良传统，形成了新时期与时俱进、科学发展的建党方略，也是党在进入新的世纪之后推进马克思主义中国化时代化大众化的生动实践。

“明镜所以照形，古事所以知今。”

党的十八大以来，习近平总书记反复强调，“党的力量来自组织，组织能使力量倍增”①，“党的全面领导、党的全部工作要靠党的坚强组织体系去实现”②。组织力量是一种众志成城、无坚不摧的巨大合力，是一种指点江山、改天换地的强大自信。可以说，中国共产党之所以能够为中华民族作出伟大贡献并取得根本成就，就在于党的独特优势充分展现、作用发挥积极到位。

以史为鉴可知兴替，以史为鉴信心满怀。

习近平总书记指出，“党的历史是最生动、最有说服力的教科书”③，要求全党、教育引导全体党员以史为镜、以史明志，“学习新中国史、改革开放史、社会主义发展史，做到学史明理、学史增信、学史崇德、学史力行”④。

温习党的组织优势和作用发挥的历史，更能催人奋进！

---

① 《习近平谈治国理政》第一卷，外文出版社 2018 年版，第 395 页。
② 习近平：《论坚持党对一切工作的领导》，中央文献出版社 2019 年版，第 259 页。
③ 《习近平谈治国理政》第四卷，外文出版社 2022 年版，第 545 页。
④ 习近平：《学史明理 学史增信 学史崇德 学史力行》，《求是》2021 年第 13 期。

新时代新征程上，中国共产党必将立足于自身独特且强大的组织机制，秉承党的光荣传统，发挥组织独特优势，战胜各种艰难险阻，积极发挥自身作用，持续为中华民族伟大复兴提供坚实有力支撑！

四、中国共产党形成了长效发展机制

唐代著名诗人白居易在《画弥勒上生帧记》中有言：“所以表不忘初心，而必果本愿也。”意思是说，做任何事，只要能够秉持最初的本心和信念，最终就一定能够取得成功。

“最初”和“最终”，虽一字之差，对一个政党而言却道阻且长。保持政党的活力，离不开长效发展机制。这也是中国共产党始终在思考和探索的问题。

延安，1945 年 7 月的一天下午，毛泽东邀请黄炎培等民主人士到他住的窑洞里做客，亲切询问黄炎培来延安考察的感受。

黄炎培诚恳地说：“我生六十多年，耳闻的不说，所亲眼看到的，真所谓‘其兴也浡焉’，‘其亡也忽焉’，一人，一家，一团体，一地方，乃至一国，不少不少单位都没有能跳出这周期率的支配力。大凡初时聚精会神，没有一事不用心，没有一人不卖力，也许那时艰难困苦，只有从万死中觅取一生。既而环境渐渐好转了，精神也就渐渐放下了。有的因为历时长久，自然地惰性发作，由少数演为多数，到风气养成；虽有大力，无法扭转，并且无法补救。”“一部历史，‘政怠宦成’的也有，‘人亡政息’的也有，‘求荣取辱’的也有，总之没有能跳出这周期率。”

毛泽东满怀信心地答道：“我们已经找到新路，我们能跳出这周期率。这条新路，就是民主。只有让人民来监督政府，政府才不敢松懈。只有人人起来负责，才不会人亡政息。”①

这就是后来常被人们津津乐道的著名的“窑洞对”，是中国共产党对中国人民的郑重承诺！为人民服务，让人民来监督政府，让人民当家作主，这是以毛泽东同志为主要代表的中国共产党人给出的跳出历史周期率的第一个答案。

历史证明：只有这样，才能让全体中国共产党人夙夜在公，才能使得中国共产党永远保持活力，才能真正跳出历史周期率。

实践不止，踔厉前行。跳出历史周期率问题，关系党的生机活力，关系党的长治久安，关系党的千秋伟业，关系党的生死存亡，关系党的兴衰成败。

每一个历史阶段，中国共产党都面临着如何跳出历史周期率的时代大考，探索不止，思索不止。

在新民主主义革命时期，毛泽东提出了一个个著名的论断和经典的论述，“路线是‘王道’，纪律是‘霸道’，这两者都不可少”②，“加强纪律性，革命无不胜”③。毛泽东还生动地说，孙行者头上套的箍是金的，

---

① 《毛泽东传》（二），中央文献出版社 2011 年版，第 729 页。
② 《毛泽东文集》第二卷，人民出版社 1993 年版，第 374 页。
③ 《毛泽东文集》第五卷，人民出版社 1996 年版，第 194 页。

列宁论共产党的纪律说纪律是铁的，比孙行者的金箍还厉害，还硬。党的建设，还被毛泽东豪迈地称为“伟大的工程”。

新中国成立后，中国共产党始终以“进京赶考”的历史敬畏之心，坚决反对官僚主义，严厉惩处贪污腐化分子，建立健全中央和地方各级纪律检查机构，着重加强党的纪律建设和制度建设。党的十一届三中全会以后，邓小平总结历史经验教训后深刻指出：“我们这么大一个国家，怎样才能团结起来、组织起来呢？一靠理想，二靠纪律。”[①]在他的推动下，我们党重新设立和选举产生中央纪律检查委员会，以党章的形式强调党的纪律，制定了《关于党内政治生活的若干准则》等一系列重要文件，全面整党净化党的组织，为党领导全党全国各族人民加强党的建设、开创中国特色社会主义道路提供了重要保障。

如今，中国共产党已经走过百年奋斗历程。经过百年奋斗，特别是党的十八大以来，以习近平同志为核心的党中央立足新时代的历史方位，清醒认识党所面临的“四大考验”“四种危险”，着力探索长期执政条件下党解决自身问题的道路，给出了跳出历史周期率的第二个答案，这就是自我革命。

正如党的二十大报告所明确要求的那样，“全党必须牢记，全面从严治党永远在路上，党的自我革命永远在路上，决不能有松劲歇脚、疲劳厌战的情绪”[②]。

① 《邓小平文选》第三卷，人民出版社 1993 年版，第 111 页。
② 习近平：《高举中国特色社会主义伟大旗帜　为全面建设社会主义现代化国家而团结奋斗——在中国共产党第二十次全国代表大会上的报告》，人民出版社 2022 年版，第 64 页。

习近平总书记说："中国共产党的伟大不在于不犯错误，而在于从不讳疾忌医，敢于直面问题，勇于自我革命，具有极强的自我修复能力。"①

习近平总书记深刻指出："我们党为什么能够在现代中国各种政治力量的反复较量中脱颖而出？为什么能够始终走在时代前列、成为中国人民和中华民族的主心骨？根本原因在于我们党始终保持了自我革命精神，保持了承认并改正错误的勇气，一次次拿起手术刀来革除自身的病症，一次次靠自己解决了自身问题。这种能力既是我们党区别于世界上其他政党的显著标志，也是我们党长盛不衰的重要原因所在。"②

习近平总书记揭示了马克思主义政党的独特本质。

1847 年，世界上第一个无产阶级革命政党——共产主义者同盟组建时，马克思就旗帜鲜明地指出："我们现在必须绝对保持党的纪律，否则将一事无成。"③

马克思主义政党是用革命理想和铁的纪律组织起来的政党，严密的组织性和严格的纪律性是马克思主义政党的力量所在和优势所在。严明的纪律规矩是马克思主义政党与生俱来的政治品质和内在需求。

中国共产党是以马克思主义为指导建立和发展起来的世界第一大执政党。没有什么外力能够打倒中国共产党，能够打倒中国共产党的只有中国共产党自身！

---

① 习近平：《论坚持全面深化改革》，中央文献出版社 2018 年版，第 325 页。
② 习近平：《论坚持全面深化改革》，中央文献出版社 2018 年版，第 326 页。
③ 《马克思恩格斯全集》第二十九卷，人民出版社 1972 年版，第 413 页。

对此，中国共产党是十分清醒的。要兴党强党，保证党永葆生机活力，必须以制度化的工作安排，不断进行自我革命、自我净化，坚持同自身存在的问题和错误作斗争。

“新松恨不高千尺，恶竹应须斩万竿。”党的十八大以来，面临严峻复杂的反腐败斗争形势，以习近平同志为核心的党中央以前所未有的政治勇气和政治定力，以“得罪千百人、不负十四亿”的使命担当，带领全党“十年磨一剑”披荆斩棘、祛疴治乱，完成了新时代全面从严治党的伟大实践，力挽狂澜推进党风廉政建设和反腐败斗争，全面推动新时代全面从严治党取得了历史性、开创性成就，反腐败斗争取得压倒性胜利并全面巩固，党的自我净化、自我完善、自我革新、自我提高能力显著增强，管党治党宽松软状况得到根本扭转，风清气正的党内政治生态蓬勃发展，不敢腐、不能腐、不想腐的体制机制已经形成，党永远不变质、不变色、不变味的制度保障更加稳固。

“潮平两岸阔，风正一帆悬。”面对新时代十年全面从严治党的历史成就，中国共产党乘势而进，不骄不躁、孜孜以求，不断探索从制度上确保党的建设长治久安，党的自我革命制度规范体系不断完善，从而进一步深化了对跳出历史周期率的规律性认识。

人民监督和自我革命，是中国共产党在百年奋斗历程中找到的“两个答案”，是“政党永葆生机活力”问题的两个方面。人民监督是由外而内，自我革命则是由内而外，二者互为一体、相得益彰，因此要以制度性安排来加强统筹。制度问题更带有根本性、全局性、稳定性和长期性。新时代党的发展长效机制的确立，必须以党章为根本，必须以民主集中制为核心，必须以制度治党、依规治党为抓手，必须以完善党内法规制度体系为保障，切实增强党内法规权威性和执行力，切实发挥坚持真理、修正错误，发现问题、纠正偏差的自我革命的答案效应，永葆党的生机活力！

自人类历史上产生政党以来，是追求党的发展规模，还是追求党的建设质量，似乎是“鱼与熊掌不可兼得”的无解之问，不少政党都没有得到很好的答案。只有中国共产党找到了破解之道。百年奋斗历程和历史功绩无不表明，中国共产党是当之无愧的百年大党、世界大党！

铸就坚定政治信仰，筑牢广泛群众基础，彰显独特组织优势，形成长效发展机制，这是中国共产党破解“规模与质量”难题的密码所在，从而使得中国共产党以“大党的清醒和坚定”立足于世！

一个大党的清醒和坚定，离不开党的领袖举旗定向。

2022 年 10 月，习近平总书记在党的二十大报告中指出：“我们要落实新时代党的建设总要求，健全全面从严治党体系，全面推进党的自我净化、自我完善、自我革新、自我提高，使我们党坚守初心使命，始终成为中国特色社会主义事业的坚强领导核心。”①

2023 年 1 月，习近平总书记在二十届中央纪委二次全会上用“六个如何始终”，对我们党始终保持清醒和坚定点题、破题：如何始终不忘

① 习近平：《高举中国特色社会主义伟大旗帜 为全面建设社会主义现代化国家而团结奋斗——在中国共产党第二十次全国代表大会上的报告》，人民出版社 2022 年版，第 64 页。

初心、牢记使命，如何始终统一思想、统一意志、统一行动，如何始终具备强大的执政能力和领导水平，如何始终保持干事创业精神状态，如何始终能够及时发现和解决自身存在的问题，如何始终保持风清气正的政治生态。①

党的二十大闭幕不到一周，习近平总书记带领中共中央政治局常委瞻仰延安革命纪念地，强调“全党同志要把老一辈革命家和共产党人留下的光荣传统和优良作风传承好发扬好”②。从“两个务必”到“三个务必”，从“进京赶考”到“走好新的赶考之路”，无不体现出习近平总书记一以贯之对历史、对人民、对党负责的笃定情怀。

万古江河终归历史，千载江山尽在人心！

习近平总书记以“我将无我、不负人民”的情怀，对党的建设新的伟大工程有着无比清醒的认识和无限深刻的理解。他讲过“三个不容易”，“功成名就时做到居安思危、保持创业初期那种励精图治的精神状态不容易，执掌政权后做到节俭内敛、敬终如始不容易，承平时期严以治吏、防腐戒奢不容易，重大变革关头顺乎潮流、顺应民心不容易”③。惟其不易，方显珍贵；惟其磨砺，方得玉成；惟其笃定，方得久远！

全面从严治党永远在路上！

党的自我革命永远在路上！

---

① 《习近平在二十届中央纪委二次全会上发表重要讲话强调 一刻不停推进全面从严治党保障党的二十大决策部署贯彻落实》，《人民日报》2023 年 1 月 10 日。

② 习近平：《继承和发扬党的优良革命传统和作风 弘扬延安精神》，《求是》2022 年第 24 期。

③ 《习近平谈治国理政》第三卷，外文出版社 2020 年版，第 71 页。

第二章

正确处理守正与创新的关系

《史记》云“循法守正者见侮于世，奢溢僭差者谓之显荣”，《汉书》云“君子独处守正，不桡众枉”，《魏书》云“革弊创新者，先皇之志也”。“知常明变者赢，守正创新者进”，历来注重守正创新的中华民族，为人类文明进步作出了不可磨灭的贡献。

“一面湖水，轻轻划开，划出一个崭新时代，崭新时代。一轮骄阳，跃出黑暗，照亮世界遍地花开，遍地花开。一艘红船，向着光开，无数双手划起桨来，划起桨来。一个梦想，一路澎湃，青山依旧初心不改，初心不改……”自 1921 年成立以来，中国共产党始终坚持解放思想和实事求是相统一、培元固本和守正创新相统一，始终保持着奋进征程上的思想清醒与意志坚定，始终坚守为中国人民谋幸福、为中华民族谋复兴的初心使命，不断开辟马克思主义新境界，相继创造了新民主主义革命、社会主义革命和建设以及改革开放和社会主义现代化建设、新时代中国特色社会主义的伟大成就。

党的十八大以来，以习近平同志为核心的党中央聚焦“建设什么样的长期执政的马克思主义政党、怎样建设长期执政的马克思主义政党”这一重大时代课题，继承和发展马克思主义建党学说，总结运用党的百年奋斗历史经验，坚持打铁必须自身硬，以前所未有的勇气和定力深入推进全面从严治党，深入推进管党治党实践创新、理论创新、制度创新，打出一套自我革命的“组合拳”，探索出了跳出治乱兴衰历史周期率的第二个答案，科学破解了管党治党中的守正与创新难题。

党成立以来所开创的伟大事业、所取得的伟大成就，充分证明了唯有坚持守正才能不迷失方向、不犯颠覆性错误，唯有坚持创新才能把握时代、引领时代。

百年大党再出发，“奋进新征程、建功新时代”的号角已经吹响。然而，“全面建设社会主义现代化国家、全面推进中华民族伟大复兴，关键在党。我们党作为世界上最大的马克思主义执政党，要始终赢得人民拥护、巩固长期执政地位，必须时刻保持解决大党独有难题的清醒和坚定”[①]。

在新征程上，把新时代党的建设新的伟大工程建设好，把党的伟大自我革命进行到底，我们只有更好地破解自身建设中的守正与创新难题，才能保持好全面从严治党思想清醒、理论自信与战略定力，进而以高度的历史自觉和强烈的使命担当，不断清除一切损害党的先进性和纯洁性的因素，不断清除一切侵蚀党的健康肌体的病毒，确保党不变质、不变色、不变味，确保党在新时代新征程中始终成为坚强领导核心。

---

① 习近平：《高举中国特色社会主义伟大旗帜　为全面建设社会主义现代化国家而团结奋斗——在中国共产党第二十次全国代表大会上的报告》，人民出版社 2022 年版，第 63 页。

一、坚守认识上的清醒：牢记自我革命这一新的重大要求

回顾百年来的奋斗史，中国共产党历代领导集体对加强党的建设问题始终保持着思想认识上的清醒，进而以坚定的理论自信不断谱写理论创新的新篇章，坚定地把党的建设的伟大工程向纵深推进，确保伟大光荣正确的党能始终成为党和国家各项事业的坚强领导核心。

（一）“伟大的工程”与“光荣而又严重的任务”

1917 年，“十月革命一声炮响，给我们送来了马克思列宁主义”[①]。在中国人民和中华民族的伟大觉醒中，在马克思列宁主义同中国工人运动的紧密结合中，1921 年 7 月中国共产党应运而生。此后，中华民族发展的方向和进程、中国人民和中华民族的前途和命运、世界发展的趋势和格局都发生了深刻的改变。然而，前进的征程并非一帆风顺，尚处在幼年时期的中国共产党在经历大革命的失败与土地革命战争的严重挫折后，在贵州重镇遵义召开会议，集中地解决了党内所面临的最迫切的组织问题和军事问题，结束了“左”倾教条主义错误在中央的统治，确立了毛泽东在红军和中共中央的领导地位。

经过二万五千里长途跋涉到达陕北延安后，党为适应全面抗战的需

① 《毛泽东选集》第四卷，人民出版社 1991 年版，第 1471 页。

要，决定大量发展党员，党员人数从抗战初期的 4 万多人发展到 1938 年底的 50 多万人，“我们党已经走出了狭隘的圈子，变成了全国性的大党”[①]。然而，党员数量的激增带来了一系列问题：“大批的新党员还没有受到教育”，“还没有足够的革命经验”，“对于马克思列宁主义的理论和中国革命的实践之完全的统一的理解，还相距很远”，甚至有“许多投机分子和敌人的暗害分子”混进党内。[②]另外，党内在抗日民族统一战线问题上依然存在着“一切经过统一战线”“一切服从统一战线”以及放弃在抗日战争中的领导权等错误的思想倾向，面对国民党的反共行径，有人主张委曲求全、妥协退让。这使党面临“在思想上、政治上、组织上进一步巩固和进一步布尔什维克化的问题”[③]。因而，“动员群众克服投降危险、分裂危险和倒退危险，并准备对付可能的突然事变，使党和革命不在可能的突然事变中，遭受出乎意料的损失”[④]这一问题，便成为当时最为紧要而迫切的任务。

正是因为要担负起这一使命和任务，党中央决定创办机关刊物《共产党人》，并由毛泽东亲自题写发刊词。也正是因为要担负起这一使命和任务，毛泽东在发刊词中并未就如何办好刊物提具体要求，而是以伟大政治家的高瞻远瞩在党的历史上第一次提出“党的建设伟大工程”这个重大命题，并深刻阐释了为何要推进党的建设伟大工程，明确指出了

① 《毛泽东选集》第二卷，人民出版社 1991 年版，第 602 页。
② 参见《毛泽东选集》第二卷，人民出版社 1991 年版，第 612 页。
③ 《毛泽东选集》第二卷，人民出版社 1991 年版，第 603 页。
④ 《毛泽东选集》第二卷，人民出版社 1991 年版，第 602 页。

推进党的建设伟大工程的路径方向。在提出“党的建设伟大工程”重大命题的同时，毛泽东还把“党的建设”与“统一战线”“武装斗争”一起概括成为“中国共产党在中国革命中战胜敌人的三个法宝，三个主要的法宝”，并指出“这是中国共产党的伟大成绩，也是中国革命的伟大成绩”。①

有了思想认识上的高度重视，以毛泽东同志为主要代表的中国共产党人在实践中深入推进党的建设的伟大工程，确保了中国共产党“团结带领中国人民，浴血奋战、百折不挠，创造了新民主主义革命的伟大成就”，“团结带领中国人民，自力更生、发愤图强，创造了社会主义革命和建设的伟大成就”。②

（二）“新的伟大工程”与“加强党的领导必须改善党的领导”

“我们讲着春天的故事，改革开放富起来，继往开来的领路人，带领我们走进那新时代……”这是歌曲《走进新时代》中的经典歌词。20世纪70年代后期，一方面，十年“文化大革命”遗留下来的思想僵化与思想混乱问题，使得党和国家各项工作困难重重；另一方面，国际敌对势力又趁机对我们进行分化、西化以及各种打压。党和国家面临着内忧外患，面临着向何处去的艰难抉择。邓小平以高度的政治敏锐性与巨大的理论勇气，支持并领导全党全国开展真理标准大讨论，破解了“两

① 《毛泽东选集》第二卷，人民出版社1991年版，第606页。
② 《习近平谈治国理政》第四卷，外文出版社2022年版，第4、5页。

个凡是”的思想禁锢，重新确立并发展了党“实事求是”的思想路线。在全党逐步实现思想上的解放与认识上的清醒后，邓小平适时提出了“加强党的领导必须改善党的领导”的重大论断，明确了“把我们党建设成为有战斗力的马克思主义政党，成为领导全国人民进行社会主义物质文明和精神文明建设的坚强核心”① 的党建工作目标，开启了党的建设新的伟大工程。

20 世纪 80 年代末 90 年代初，苏联解体、东欧剧变使得国际共产主义运动陷入低谷，一些西方国家对中国进行“制裁”。同时，党内腐败现象滋生，影响到了群众对党的正确评价与认知，一些反动势力和反动分子妄图反对党的领导、挑起政治风波，我国社会主义事业发展面临空前巨大的困难和压力。中国共产党能否在风云翻卷、矛盾交织的复杂局势中巩固自身、站稳脚跟；能否抵御权力的腐蚀利诱，保持党的先进性，把中国特色社会主义事业推向前进等问题，越来越成为不可回避的重大问题。江泽民总结和反思改革开放进程中党的建设问题上的经验教训，聚焦“建设什么样的党、怎样建设党”这一重大问题，以高度的历史责任感指出，“党的状况如何，对于国家和民族的命运具有决定性的意义”②，在思想认识上明确了中国共产党这样的先锋队必须“在理论上更加成熟，思想上更加统一，政治上更加坚强，内部更加团结，同群众的关系更加

① 《邓小平文选》第三卷，人民出版社 1993 年版，第 39 页。
② 《江泽民文选》第一卷，人民出版社 2006 年版，第 69 页。

亲密”[①]。

进入新世纪新阶段，世情、国情、党情等发生了深刻的变化，党面临的执政考验、改革开放考验、市场经济考验和外部环境考验更加严峻，党员干部腐败现象日趋严重，继续以改革创新精神推进党的建设新的伟大工程，变得既十分重要又十分紧迫。以胡锦涛同志为主要代表的中国共产党人深刻地认识到，“党同各种消极腐败现象是水火不相容的。坚决惩治和有效预防腐败，关系人心向背和党的生死存亡，是党必须始终抓好的重大政治任务”[②]，“先进性是马克思主义政党的根本特征，也是马克思主义政党的生命所系、力量所在。党的先进性建设是马克思主义政党自身建设的根本任务”[③]。

（三）“新时代党的建设新的伟大工程”与“全面从严治党”

时至21世纪10年代初，改革开放和社会主义现代化建设所取得的巨大成就，党的建设新的伟大工程所取得的显著成效，为推动党和国家伟大事业继续前进奠定了坚实基础、创造了良好条件、提供了重要保障。但党内依然存在不少对坚持党的领导认识模糊、行动乏力问题，存在不少落实党的领导弱化、虚化、淡化问题，存在一些党员、干部政治信仰发生动摇的问题。一些地方和部门存在的形式主义、官僚主义、享乐主义和奢靡之风屡禁不止，特权思想和特权现象较为严重，一些贪腐问题触目惊心。这

① 《江泽民文选》第一卷，人民出版社2006年版，第89页。
② 《胡锦涛文选》第二卷，人民出版社2016年版，第656页。
③ 《胡锦涛文选》第二卷，人民出版社2016年版，第263页。

些问题严重影响党的形象和威信，严重损害党群干群关系。

“百姓生活在逐渐提高，为什么感觉和我们的距离反而有点远了？”2013 年 7 月 11 日，习近平总书记在河北西柏坡同基层代表座谈时，一名干部发出了令人警醒的感叹。这或许就是当时党内和社会上不少人对党和国家前途忧心忡忡的具体体现。

“治国必先治党，党兴才能国强。”① “如果管党不力、治党不严，人民群众反映强烈的党内突出问题得不到解决，那我们党迟早会失去执政资格，不可避免被历史淘汰。这决不是危言耸听。”② 面对这样的局面，针对这样的问题，党的十八大以来，以习近平同志为核心的党中央坚持守正创新，始终保持加强党自身建设问题上的清醒，不断深化和发展对“伟大工程”的认识和理解。

2014 年 10 月 8 日，习近平总书记在党的群众路线教育实践活动总结大会上的讲话中首次提出“全面推进从严治党”。2014 年 12 月，习近平总书记在江苏调研时强调，“协调推进全面建成小康社会、全面深化改革、全面推进依法治国、全面从严治党，推动改革开放和社会主义现代化建设迈上新台阶”③，将“全面从严治党”作为“四个全面”战略布局的重要组成部分，提升到一个全新的战略高度。党的十八届六中全会专题研究全面从严治党重大问题，充分展现了党中央坚定不移推进

① 习近平：《在第十四届全国人民代表大会第一次会议上的讲话》，《人民日报》2023 年 3 月 14 日。
② 《十八大以来重要文献选编》（上），中央文献出版社 2014 年版，第 350 页。
③ 《习近平在江苏调研时强调 主动把握和积极适应经济发展新常态 推动改革开放和现代化建设迈上新台阶》，《人民日报》2014 年 12 月 15 日。

全面从严治党的决心和信心。

在2017年召开的党的十九大上，习近平总书记深刻阐释了伟大工程与伟大斗争、伟大事业、伟大梦想的关系，并明确指出，“实现伟大梦想，必须建设伟大工程。这个伟大工程就是我们党正在深入推进的党的建设新的伟大工程”，“我们党要始终成为时代先锋、民族脊梁，始终成为马克思主义执政党，自身必须始终过硬。全党要更加自觉地坚定党性原则，勇于直面问题，敢于刮骨疗毒，消除一切损害党的先进性和纯洁性的因素，清除一切侵蚀党的健康肌体的病毒，不断增强党的政治领导力、思想引领力、群众组织力、社会号召力，确保我们党永葆旺盛生命力和强大战斗力”。[①]

经过新时代十年的顽强努力，党在革命性锻造中焕发出新的强大生机活力。我们党已经深刻地认识到，“中国特色社会主义最本质的特征是中国共产党领导，中国特色社会主义制度的最大优势是中国共产党领导，中国共产党是最高政治领导力量，坚持党中央集中统一领导是最高政治原则”[②]。同时，党的领导制度体系得到了系统完善，全党9800多万名党员增强了“四个意识”，政治判断力、政治领悟力、政治执行力得到不断提高，党总揽全局、协调各方的领导核心作用充分发挥，全党上下更加团结统一。

逆水行舟用力撑，一篙松劲退千寻。“我们党作为世界第一大党，没

① 《十九大以来重要文献选编》（上），中央文献出版社2019年版，第12页。
② 习近平：《高举中国特色社会主义伟大旗帜　为全面建设社会主义现代化国家而团结奋斗——在中国共产党第二十次全国代表大会上的报告》，人民出版社2022年版，第6页。

有什么外力能够打倒我们，能够打倒我们的只有我们自己。”[①] 以习近平同志为核心的党中央清醒认识到，党内一些深层次问题尚未根本解决，一些老问题反弹回潮的可能始终存在，稍有松懈就会死灰复燃，新的问题还在不断出现，党面临的执政考验、改革开放考验、市场经济考验、外部环境考验将长期存在，精神懈怠危险、能力不足危险、脱离群众危险、消极腐败危险将长期存在；一些党员、干部缺乏担当精神，斗争本领不强，实干精神不足，形式主义、官僚主义现象仍较突出；铲除腐败滋生土壤的任务依然艰巨。

直面这些状况和问题，党的二十大报告在强调“必须时刻保持解决大党独有难题的清醒和坚定”的同时，也向全党发出了“全面从严治党永远在路上，党的自我革命永远在路上，决不能有松劲歇脚、疲劳厌战的情绪，必须持之以恒推进全面从严治党，深入推进新时代党的建设新的伟大工程，以党的自我革命引领社会革命”[②] 的动员令，明确了要全面贯彻落实新时代党的建设总要求。

二、增强理论上的自信：不断谱写伟大工程的理论新篇章

注重思想建党、理论强党是我们党的鲜明特色和光荣传统，其目的

① 《习近平谈治国理政》第三卷，外文出版社 2020 年版，第 531 页。
② 习近平：《高举中国特色社会主义伟大旗帜　为全面建设社会主义现代化国家而团结奋斗——在中国共产党第二十次全国代表大会上的报告》，人民出版社 2022 年版，第 64 页。

是使全党始终保持统一的思想、坚定的意志、协调的行动、强大的战斗力，在共同的思想旗帜下团结成“一块坚硬的钢铁”。一部百年奋斗史，可以说既是一部党领导和团结人民不断取得革命、建设和改革胜利的辉煌史，也是一部党自身建设不断加强、马克思主义党建理论中国化不断推进的历史。在百年历程中，马克思主义党建理论中国化取得一系列重大理论成果，从理论和实践上为党的建设以及中国革命、建设、改革事业的胜利发展提供了指南。

（一）伟大的工程

“东方红，太阳升，中国出了个毛泽东。他为人民谋幸福，呼儿嗨哟，他是人民大救星……”毛泽东作为伟大的马克思主义者，伟大的无产阶级革命家、战略家、理论家、军事家，中国共产党的主要缔造者和第一代中央领导集体的核心，在为人民奋斗不息的一生中，创立了永世不朽的辉煌业绩。

在领导中国革命和建设事业的伟大征程中，在实现马克思主义中国化的历史进程中，在探索中国共产党自身建设的实践中，以毛泽东同志为主要代表的中国共产党人，坚持以马克思主义党建理论为指导，结合工人阶级数量较少、农民与小资产阶级占人口大多数的具体实际，围绕“建设一个全国范围的、广大群众性的、思想上政治上组织上完全巩固的布尔什维克化的中国共产党”[①]这一伟大任务，科学破解党的建设实践中的守正与创新难题，开创了党的建设伟大工程，谱写了毛泽东党建思想这一马克思主义中国化党建理论的开篇之作。

毛泽东深刻总结中国革命的经验教训，认真研究党在中国革命中的地位和作用，发展了马克思列宁主义关于党的革命领导权思想。在新民主主义革命时期就指出，“没有一个革命的党，没有一个按照马克思列宁主义的革命理论和革命风格建立起来的革命党，就不可能领导工人阶级和广大人民群众战胜帝国主义及其走狗”[②]；在新中国成立后的社会主义革命和建设时期，进一步阐发了“工、农、商、学、兵、政、党这七个方面，党是领导一切的”“领导我们事业的核心力量是中国共产党”。[③]

毛泽东针对中国社会、中国革命以及中国共产党的性质和特点，把思想建设作为保持党的性质的主要手段，作为中国共产党自身建设的首要内容，强调只有通过不断加强党的思想建设，着力从思想上建党，才能不断纠正党内存在的种种错误思想，才能保证不改变党的阶级性质；同时还坚持和发展马克思主义认识论，结合中华优秀传统文化，提出并确立了党的“实事求是”的思想路线。

毛泽东指出，“一个政党要引导革命到胜利，必须依靠自己政治路线的正确和组织上的巩固”[④]，高度重视党的政治路线对党的工作全局的

① 《毛泽东选集》第二卷，人民出版社 1991 年版，第 602 页。
② 《毛泽东选集》第四卷，人民出版社 1991 年版，第 1357 页。
③ 《毛泽东著作选读》下册，人民出版社 1986 年版，第 832、715 页。
④ 《毛泽东选集》第一卷，人民出版社 1991 年版，第 303 页。

指导作用及其对党的事业的决定作用。坚持以马克思主义的立场、观点和方法来对待党内矛盾和斗争，坚持实事求是的原则和唯物辩证的方法，采取严肃态度和谨慎态度，决不能用对待敌人的方法来对待同志。

毛泽东坚持民主集中制原则，并在实践中赋予其民主的形式，使之在具体工作中表现出鲜明的中国特色，极大地丰富和发展了民主集中制理论。

毛泽东高度重视党的作风建设，在马克思主义政党建设史上最早提出“党风”的概念，明确了“一切为了群众，一切依靠群众，从群众中来，到群众中去”的群众路线。

马克思主义党建理论提供了无产阶级政党建设的一般原理和指导原则，但并不是可以直接照抄照搬的“教科书”，也不能直接拿来解决“伟大的工程”推进中的实际问题。改革开放后，邓小平指出，关于党的学说，“马克思、恩格斯讲得不多，列宁有个完整的建党的学说”，“把列宁的建党学说发展得最完备的是毛泽东同志”。[①] 实践上，也正是以这种“发展得最完备”的建党学说为指引，我们的党才历经艰险而不退缩、面对激流而勇往直前，才从小到大、由弱变强、从幼年到青年再到成熟，并终于成为一个牢牢掌握全国人民政权的党，成为一个成功开辟国家发展新道路、不断赢得新胜利的党，成为一个同中国人民、中华民族和社会主义事业命运与共的党。

① 《邓小平文选》第二卷，人民出版社 1994 年版，第 44 页。

（二）新的伟大的工程

“1979 年，那是一个春天，有一位老人在中国的南海边画了一个圈……春雷啊唤醒了长城内外，春晖啊暖透了大江两岸…… 1992 年，又是一个春天，有一位老人在中国的南海边写下诗篇，天地间荡起滚滚春潮，征途上扬起浩浩风帆……”伟大的时代从人民中造就伟大的人物，伟大的人物依靠和引领伟大的人民创造伟大的时代业绩。“文化大革命”结束两年后，以邓小平同志为主要代表的中国共产党人，从解决思想僵化问题入手扭转局面，全面总结国内外社会主义建设中的经验教训，科学审视、准确把握时代主题与中国国情，作出了改革开放的伟大抉择，开辟出中国特色社会主义建设事业的新道路。世纪之交前后的 20 多年间，以江泽民同志、胡锦涛同志为主要代表的中国共产党人把这一伟大事业不断推向前进，创造了改革开放和社会主义现代化建设的伟大成就。回顾 40 多年的伟大历程，党在加强和改善党的领导、持续推进“党的建设新的伟大的工程”的实践中，不断书写着马克思主义中国化党建理论发展的新篇章。

以邓小平同志为主要代表的中国共产党人，坚持以马克思、恩格斯、列宁以及毛泽东的建党学说为指导，以改革开放和现代化建设以及新时期党的建设的实践为现实依据，立足当时国际形势的新发展和国际经济政治格局的新变化，以国际共产主义运动中的曲折、一些社会主义国家执政党建设，特别是我们党自身建设正反两方面的经验为历史依据，紧扣“什么是社会主义、怎样建设社会主义”根本问题，围绕回答在改革开放和现代化建设条件下“建设什么样的党、怎样建设党”的问题，在党的奋斗纲领和历史使命、党的性质和建设目标、加强和改进党的领导、党的指导思想的与时俱进、党的建设的构成等方面，提出了一系列新思想、新观点、新论断，以精辟的论述形成了一个比较完整的科学的理论体系。

从 1989 年到 2002 年的 13 年中，以江泽民同志为主要代表的中国共产党人坚持用马克思主义的宽广眼光观察世界，把党的建设问题提高到关键的战略地位，在深刻总结共产党执政规律、社会主义建设规律和人类社会发展规律的基础上，全面推进党的建设新的伟大工程。在全面推进党的建设新的伟大工程的历史进程中，高举邓小平理论伟大旗帜，准确把握时代特征，围绕建设中国特色社会主义这个主题，集中全党智慧，以马克思主义为指导，进行理论创新，逐步形成了“三个代表”重要思想这一系统的科学理论，在进一步回答了“什么是社会主义、怎样建设社会主义”的问题基础上，创造性地回答了“建设什么样的党、怎样建设党”的问题，深化了对共产党执政规律的认识，实现了马克思主义党的学说中国化的新历史飞跃。

党的十六大至十八大的 10 年间，以胡锦涛同志为主要代表的中国共产党人在继承毛泽东、邓小平和江泽民等中央领导人党的建设思想的基础上，针对党的建设工作面临的新形势新任务，进行了深入的思考。胡锦涛指出：“党要站在时代前列带领人民不断开创事业发展新局面，必须以改革创新精神加强自身建设，始终成为中国特色社会主义事业的坚强领导核心。”① 在党的思想建设方面，胡锦涛强调，思想理论建设是党的根本建设，要以党的理论创新引领各方面创新。在党的组织建设方面，强调要建设高素质领导班子，加强基层党的建设与造就高素质干部队伍和人才队伍。在党的作风建设方面，强调“优良的党风是凝聚党心民心的巨大力量”“坚决惩治和有效预防腐败，关系人心向背和党的生死存亡，是党必须始终抓好的重大政治任务”。② 在党的制度建设方面，强调要“始终把制度建设贯穿党的思想建设、组织建设、作风建设和反腐倡廉建设之中，坚持突出重点、整体推进，继承传统、大胆创新，构建内容协调、程序严密、配套完备、有效管用的制度体系”③。另外，胡锦涛还强调指出：“先进性是马克思主义政党的根本特征，也是马克思主义政党的生命所系、力量所在。党的先进性建设是马克思主义政党自身建设的根本任务。”④

（三）新时代党的建设新的伟大工程

2020 年 6 月 29 日，习近平总书记在十九届中央政治局第二十一次集体学习时的讲话中指出：“我们党作为世界上最大的政党，大就要有大的样子，大也有大的难处，如何确保全党在共同思想理论基础上的高

① 《胡锦涛文选》第二卷，人民出版社 2016 年版，第 652 页。
② 参见《胡锦涛文选》第二卷，人民出版社 2016 年版，第 652—656 页。
③ 《胡锦涛文选》第三卷，人民出版社 2016 年版，第 534 页。
④ 《胡锦涛文选》第二卷，人民出版社 2016 年版，第 263 页。

度集中统一尤其不易。”[①]习近平总书记针对坚持把马克思主义基本原理同中国具体实际相结合、同中华优秀传统文化相结合，弘扬伟大建党精神，坚持和加强党的全面领导，以党的自我革命引领社会革命，以党的政治建设统领党的各方面建设等，发表的一系列重要讲话、提出的一系列重要思想和重要要求，为深入推进全面从严治党指明前进方向、提供根本遵循。

“党的十八大以来，我们继承和发展马克思主义建党学说，总结运用党的百年奋斗历史经验，深入推进管党治党实践创新、理论创新、制度创新，对建设什么样的长期执政的马克思主义政党、怎样建设长期执政的马克思主义政党的规律性认识达到新的高度。”[②]2022年1月18日，在十九届中央纪委六次全会上的重要讲话中，习近平总书记用“九个坚持”精辟概括了这一“达到新的高度的规律性认识”。

一是坚持党中央集中统一领导。“坚持党中央集中统一领导是最高政治原则。”“党政军民学，东西南北中，党是领导一切的。”必须把全面从严治党作为重大而严肃的政治任务，在党中央集中统一领导下扎实有序推进，把坚持党的全面领导贯彻到管党治党全部工作之中，确保党牢牢把握反腐败斗争主动权，以党的永不变质确保红色江山永不变色。

二是坚持党要管党、全面从严治党，以伟大自我革命引领伟大社会革命。“如何跳出治乱兴衰的历史周期率？毛泽东同志在延安的窑洞里

① 《习近平谈治国理政》第四卷，外文出版社2022年版，第503页。
② 《习近平谈治国理政》第四卷，外文出版社2022年版，第550页。

给出了第一个答案，这就是‘只有让人民来监督政府，政府才不敢松懈’。经过百年奋斗特别是党的十八大以来新的实践，我们党又给出了第二个答案，这就是自我革命。”[①] 伟大社会革命锻造和成就伟大的党，伟大自我革命保障和推动伟大的事业，党的自我革命永远在路上。“推动全面从严治党必须既发挥政治保障作用、又发挥政治引领作用，把全面从严治党战略方针贯穿中国特色社会主义事业全过程和党的建设各方面，不断增强党的政治领导力、思想引领力、群众组织力、社会号召力，推动伟大事业不断向前。”[②]

三是坚持以党的政治建设为统领，保证全党在政治立场、政治方向、政治原则、政治道路上同党中央保持高度一致。“政治问题，任何时候都是根本性的大问题。”[③] 旗帜鲜明讲政治是马克思主义政党的根本要求，讲政治是我们党突出的特点和优势。我们党“必须以坚定理想信念为根基，严肃政治生活，涵养政治生态，督促党员、干部把对党忠诚体现在贯彻党中央决策部署的具体行动上，确保党的理论和路线方针政策落地见效”[④]。

四是坚持严的主基调不动摇，提高纪律建设的政治性、时代性、针对性。全面从严治党，必须严字当头、一严到底，严明纪律要求、整治

① 《习近平谈治国理政》第四卷，外文出版社 2022 年版，第 541 页。
② 习近平：《全面从严治党探索出依靠党的自我革命跳出历史周期率的成功路径》，《求是》2023 年第 3 期。
③ 习近平：《在第十八届中央纪律检查委员会第六次全体会议上的讲话》，人民出版社 2016 年版，第 19 页。
④ 习近平：《全面从严治党探索出依靠党的自我革命跳出历史周期率的成功路径》，《求是》2023 年第 3 期。

歪风邪气、弘扬新风正气。我们“必须执行政治纪律，带动各项纪律全面从严、一严到底，坚持纪严于法、执纪执法贯通，深化运用‘四种形态’政策策略，执纪必严、违纪必究，以严明的纪律确保全党目标一致、团结一致、步调一致”①。

五是坚持发扬钉钉子精神加强作风建设，以优良党风带动社风民风向上向善。作风问题具有顽固性和反复性，形成优良作风不可能一劳永逸，克服不良作风也不可能一蹴而就，全面从严治党必须从人民群众反映强烈的作风问题抓起。我们“必须发扬党的优良作风，持之以恒落实中央八项规定精神，在常和长、严和实、深和细上下功夫，治‘四风’树新风并举，坚决铲除腐败滋生的作风温床，坚决纠正形式主义、官僚主义问题，以好作风好形象创造新伟业”②。

六是坚持以零容忍态度惩治腐败，坚定不移走中国特色反腐败之路。腐败是危害党的生命力和战斗力的最大毒瘤，当前反腐败斗争形势依然严峻复杂，遏制增量、清除存量的任务依然艰巨。“必须牢记全面从严治党永远在路上，严厉惩治这一手绝不能放松，坚持不敢腐、不能腐、不想腐一体推进，惩治震慑、制度约束、提高觉悟一体发力，以法治思维和法治方式惩治腐败，以系统施治、标本兼治理念管党治党，实

① 习近平：《全面从严治党探索出依靠党的自我革命跳出历史周期率的成功路径》，《求是》2023年第3期。
② 习近平：《全面从严治党探索出依靠党的自我革命跳出历史周期率的成功路径》，《求是》2023年第3期。

现干部清正、政府清廉、政治清明。”[①]

七是坚持纠正一切损害群众利益的腐败和不正之风，让人民群众感到公平正义就在身边。人民性是马克思主义的本质属性，为民造福是立党为公、执政为民的本质要求。我们“必须贯彻以人民为中心的发展思想，顺应群众所思所想所忧所盼，推动全面从严治党向基层延伸，解决群众反映强烈的突出问题，以全面从严治党实效筑牢党的执政根基”[②]。

八是坚持抓住“关键少数”以上率下，压紧压实全面从严治党政治责任。“正人必先正己，正己才能正人。”突出领导干部这个“关键少数”，抓住落实责任这个“牛鼻子”，体现了对管党治党规律的深刻把握。我们“必须落实领导干部管党治党责任，坚持抓领导、领导抓，从党中央做起、从高级干部严起，一级示范给一级看、一级带领着一级干，无私无畏、旗帜鲜明，敢于斗争、善于斗争，推动主体责任和监督责任一贯到底，巩固发展全党动手一起抓的良好局面”[③]。

九是坚持完善党和国家监督制度，形成全面覆盖、常态长效的监督合力。权力不论大小，只要不受制约和监督，都可能被滥用。加强监督是落实全面从严治党、实现自我革命的重要路径和基础。我们“必须依靠强化党的自我监督和人民监督推进党的自我革命，构建以党内监督为

① 习近平：《全面从严治党探索出依靠党的自我革命跳出历史周期率的成功路径》，《求是》2023年第3期。
② 习近平：《全面从严治党探索出依靠党的自我革命跳出历史周期率的成功路径》，《求是》2023年第3期。
③ 习近平：《全面从严治党探索出依靠党的自我革命跳出历史周期率的成功路径》，《求是》2023年第3期。

主导、各类监督贯通协调的机制，强化对权力运行的制约和监督，把监督制度优势更好转化为治理效能”[①]。

习近平总书记深刻总结的“九个坚持”，丰富和发展了马克思主义建党学说，开辟了百年大党自我革命的新境界，是推进马克思主义党的建设理论中国化时代化的最新成果。为确保党在新时代坚持和发展中国特色社会主义的历史进程中，全面推进新时代党的建设新的伟大工程，始终保持先进性和纯洁性，始终成为坚强领导核心，指明了前进方向、提供了根本遵循。

“拥有马克思主义科学理论指导是我们党坚定信仰信念、把握历史主动的根本所在”，但“推进马克思主义中国化时代化是一个追求真理、揭示真理、笃行真理的过程”。[②]展望新时代新征程，我们唯有“以科学的态度对待科学、以真理的精神追求真理”，把握好习近平新时代中国特色社会主义思想的世界观和方法论，坚持好、运用好贯穿其中的立场观点方法，不断开辟马克思主义党的建设理论中国化时代化新境界，才能真正保持解决大党独有难题的理论清醒和理论自信，才能更好解决党的建设面临的突出问题，深入推进新时代党的建设新的伟大工程。

① 习近平：《全面从严治党探索出依靠党的自我革命跳出历史周期率的成功路径》，《求是》2023 年第 3 期。
② 参见习近平：《高举中国特色社会主义伟大旗帜　为全面建设社会主义现代化国家而团结奋斗——在中国共产党第二十次全国代表大会上的报告》，人民出版社 2022 年版，第 16 页。

三、保持行动上的坚定：把党锻造得更加坚强有力

“没有共产党就没有新中国，没有共产党就没有新中国。共产党辛劳为民族，共产党她一心救中国，她指给了人民解放的道路，她领导中国走向光明，她坚持了抗战八年多，她改善了人民生活，她建设了敌后根据地，她实行了民主好处多。没有共产党就没有新中国，没有共产党就没有新中国……”这是1943年曹火星在北京房山区霞云岭乡堂上村创作的歌曲《没有共产党就没有新中国》的经典歌词。它唱出了广大人民群众对中国共产党的衷心拥护和跟党走的坚定信念，唱出了只有中国共产党才能领导中国人民争取国家独立、民族解放、人民幸福的历史必然。

（一）坚决接稳“伟大的工程”“新的伟大的工程”的接力棒

历经风霜雪雨，中国共产党淬火成钢。从1939年毛泽东在《〈共产党人〉发刊词》中强调要取得革命的胜利必须抓好党的建设“这件伟大的工程”开始，以毛泽东同志、邓小平同志、江泽民同志、胡锦涛同志为主要代表的中国共产党人，一直高度重视加强党的建设，一直保持和坚守加强党的建设问题认识上的清醒，一直坚持以坚定的理论自信不断推进马克思主义党的建设理论的中国化时代化，努力保持和发展党的先进性和纯洁性，为胜利推进党和人民事业提供了坚强政治保证。党的百

年艰苦奋斗征程，既是一部波澜壮阔的社会革命史，也是一部激浊扬清的自我革命史。中国共产党从小变大、由弱变强的过程，可以说是党的建设这一伟大工程深入推进的过程。

“清醒的历史自觉，继之以坚定的历史主动”，“十年磨一剑，利刃开新篇”。党的十八大以来，以习近平同志为核心的党中央把新时代党的建设新的伟大工程作为进行伟大斗争、推进伟大事业、实现伟大梦想的根本保证，把全面从严治党纳入“四个全面”战略布局，以前所未有的勇气和定力深入推进全面从严治党，坚持打铁必须自身硬，深入推进管党治党的实践创新、理论创新、制度创新，打出一套自我革命的“组合拳”。在实践创新上，从制定和落实中央八项规定开局破题，提出和落实新时代党的建设总要求，以党的政治建设统领党的建设各项工作，坚持思想建党和制度治党同向发力，严肃党内政治生活，持续开展党内集中教育，提出和坚持新时代党的组织路线，突出政治标准选贤任能，加强政治巡视，推动全党坚定理想信念、严密组织体系、严明纪律规矩；持之以恒正风肃纪，以钉钉子精神纠治“四风”，以“得罪千百人，不负十四亿”的使命担当祛疴治乱，不敢腐、不能腐、不想腐一体推进，反腐败斗争取得压倒性胜利并全面巩固。在理论创新上，习近平总书记就全面从严治党创造性提出一系列新思想新观点新论断，深刻回答了新时代管党治党的一系列重大问题，比如强调坚持把马克思主义基本原理同中国具体实际相结合、同中华优秀传统文化相结合，弘扬伟大建党精神，坚持和加强党的全面领导，以党的自我革命引领社会革命，以党的政治建设统领党的各方面建设，等等。在制度创新上，坚持依规治党和依法治国有机统一，把依规治党摆在事关党长期执政和国家长治久安的战略位置，把制度建设贯穿新时代党的建设各方面，紧紧围绕坚持党的全面领导、维护党中央权威和集中统一领导、加强党的政治建设、坚守理想信念、正风肃纪反腐、敢于善于斗争、强化责任担当等加强党内法规制度建设，形成比较完善的党内法规体系，做到规纪必依、执行必严、违反必究，使依规治党、加强自我革命制度建设成为中国共产党之治的独特密码。①

新时代十年推进全面从严治党取得的巨大成就，可以说在中国共产党历史上具有里程碑意义，让“走过百年奋斗历程的中国共产党在革命性锻造中更加坚强有力，党的政治领导力、思想引领力、群众组织力、社会号召力显著增强，党同人民群众始终保持血肉联系，中国共产党在世界形势深刻变化的历史进程中始终走在时代前列，在应对国内外各种风险和考验的历史进程中始终成为全国人民的主心骨，在坚持和发展中国特色社会主义的历史进程中始终成为坚强领导核心”②。

回望中国共产党走过的百年奋斗历程，党始终以坚定的理论自信坚持用马克思主义中国化时代化的创新理论武装头脑，并内化为广大党员干部的政治信仰、理想信念和精神追求；党始终坚持以政治优势不断健全总揽全局、协调各方的领导制度体系，不断健全坚定维护党中央权威

① 参见《求是》杂志编辑部：《把党的伟大自我革命进行到底》，《求是》2023 年第 3 期。
② 习近平：《高举中国特色社会主义伟大旗帜　为全面建设社会主义现代化国家而团结奋斗——在中国共产党第二十次全国代表大会上的报告》，人民出版社 2022 年版，第 15 页。

和集中统一领导的制度机制，不断提升自身的执政能力和执政水平；党始终以组织优势不断凝聚天下英才，建立并不断完善科学严密的组织体系；党始终以制度优势坚持民主集中制原则，既充分激发全党活力，又确保统一思想、统一意志、统一行动，具有强大的战斗力与凝聚力；党始终坚持无产阶级政党的群众观点和群众路线，始终把人民利益放在首位以赢得人民群众的拥护和支持，不断夯实执政根基。

中华民族与中国人民之所以能在“雄关漫道真如铁”的百年征程中，实现从站起来到富起来再到强起来的伟大飞跃，每一步都离不开中国共产党“巍然砥柱立中流”般的作用，每一步都离不开党的建设事业上的守正创新。我们党团结带领人民进行革命、建设、改革的伟大实践深刻昭示：“办好中国的事情，关键在党。”只有时刻保持解决大党独有难题的清醒和坚定，把党建设得更加坚强有力，我们的伟大事业才能兴旺发达，我们的国家才能保持长期繁荣稳定，我们的人民才能幸福安康。

（二）破解守正与创新难题，把党的伟大自我革命持续进行下去

新时代新征程已然开启，“团结带领全国各族人民全面建成社会主义现代化强国、实现第二个百年奋斗目标，以中国式现代化全面推进中华民族伟大复兴”[①]，已经成为新时代新征程中党的中心任务。

2022 年 1 月 18 日，习近平总书记在十九届中央纪委六次全会上发

① 习近平：《高举中国特色社会主义伟大旗帜　为全面建设社会主义现代化国家而团结奋斗——在中国共产党第二十次全国代表大会上的报告》，人民出版社 2022 年版，第 21 页。

表的重要讲话中，深刻阐述了全面从严治党取得的历史性开创性成就、产生的全方位深层次影响，深刻总结了新时代党的自我革命的成功实践，精辟概括了对建设什么样的长期执政的马克思主义政党、怎样建设长期执政的马克思主义政党的规律性认识，为推进新时代党的建设新的伟大工程提供了基本遵循。

“始终赢得人民拥护、巩固长期执政地位，必须时刻保持解决大党独有难题的清醒和坚定。”推进好建设好新时代党的建设新的伟大工程，可以说是前无古人的伟大事业，唯有以守正的态度和决心，坚持好百年奋斗征程中获得的对“建设什么样的长期执政的马克思主义政党、怎样建设长期执政的马克思主义政党”的规律性认识，才能真正不迷失方向、不犯颠覆性错误，唯有在建设伟大工程的实践中不断开拓创新，才能真正把握时代、真正引领时代。

要把党的政治建设放在首位，坚持和加强党中央集中统一领导。“中国人民和中华民族之所以能够扭转近代以后的历史命运、取得今天的伟大成就，最根本的是有中国共产党的坚强领导。”[①]这是我们党在百年奋斗中总结出的宝贵历史经验。新时代新征程有新的使命和新的任务，同时也会遇到各种各样的新问题。推进建设好新时代党的建设新的伟大工程，我们坚持“守正”，就必须把坚持和加强党中央集中统一领导放在首要位置，传承好、把握好、运用好党百年奋斗中积累的坚持和

① 《中共中央关于党的百年奋斗重大成就和历史经验的决议》，人民出版社 2021 年版，第 65 页。

加强党中央集中统一领导方面的宝贵历史经验。同时，更要针对新使命、新任务、新问题，不断健全领导制度体系，不断完善党中央重大决策部署落实机制；持续加强党的政治建设，严明政治纪律和政治规矩，落实好主体责任，提高各级党组织和党员干部的“政治三力”；不断创新和改进领导方式，充分调动各方面积极性。

要坚持思想建党理论强党，坚持不懈用习近平新时代中国特色社会主义思想凝心铸魂。注重思想建党、理论强党是我们党的鲜明特色和光荣传统，目的是为了在共同的旗帜下团结成“一块坚硬的钢铁”。“用党的创新理论武装全党是党的思想建设的根本任务。”[①] 要以守正的态度继续突出“凝心铸魂”这个重点，推动新时代党的创新理论入脑入心，切实统一思想、统一意志、统一行动，真正心往一处想、劲往一处使；要深入推动以党的创新理论凝心聚魂、固本培元，把新时代党的创新理论转化为坚定理想、锤炼党性和指导实践、推动工作的强大力量。

要加强党的制度建设，不断完善党的自我革命制度规范体系。我们党之所以能在革命性锻造中更加坚强有力，关键在于找到了自我革命这一跳出治乱兴衰历史周期率的第二个答案。新征程上坚持与时俱进、守正创新，推进党的自我革命，不断完善党的自我革命制度规范体系，要着力落实《关于新形势下党内政治生活的若干准则》，引导党员干部坚定理想信念宗旨，自觉抵御各种腐朽思想侵蚀；要健全党员干部教育培

① 习近平：《高举中国特色社会主义伟大旗帜　为全面建设社会主义现代化国家而团结奋斗——在中国共产党第二十次全国代表大会上的报告》，人民出版社 2022 年版，第 65 页。

养的全方位体制机制与体系，推动广大党员干部队伍牢记党的初心使命、永葆生机活力；要把党的建设制度改革向纵深推进，推动各方面制度更加成熟、更加定型，把党的建设制度优势更好转化为发展优势、治理效能。

要强化党的组织建设，不断增强党组织政治功能和组织功能。“马克思主义政党夺取政权不容易，巩固政权更不容易”[①]。新征程上各种风险挑战说到底都是对党长期执政的考验，党的意识、执政意识只能强化不能弱化。建设好新时代党的建设新的伟大工程，强化党的组织建设，不断增强党组织政治功能和组织功能，要始终坚持党管干部原则，把政治标准放在首位，努力锻造一支政治过硬的具备领导现代化建设能力的干部队伍。要突出增强党组织的政治功能和组织功能，统筹加强各领域基层党组织建设，努力做到聚天下英才而用之，始终保持同人民群众的血肉联系。

要坚持弘扬“赶考”精神，不断强化正风肃纪、坚决打赢反腐败斗争攻坚战持久战。我们党立志千秋伟业，“赶考”永远在路上。深入推进新时代党的建设新的伟大工程，坚持守正创新，不断强化正风肃纪、坚决打赢反腐败斗争攻坚战持久战，要牢记“三个务必”的谆谆告诫，认真答好时代之考、使命之考的新征程答卷。要聚焦党的初心使命，大力弘扬以伟大建党精神为源头的中国共产党人精神谱系，激发广大党员

① 习近平：《推进党的建设新的伟大工程要一以贯之》，《求是》2019 年第 19 期。

干部的强大精神动能；要锲而不舍落实中央八项规定精神，抓住“关键少数”，以上率下，持续深化纠治“四风”，努力推进作风建设常态化长效化。要全面加强党的纪律建设，坚持党性党风党纪一起抓，不断增强拒腐防变能力，持续涵养浩然正气。要坚持不敢腐、不能腐、不想腐一体推进，同时发力、同向发力、综合发力，以零容忍态度反腐惩恶。要深化标本兼治，推进反腐败国家立法，加强新时代廉洁文化建设，教育引导广大党员、干部增强不想腐的自觉，清清白白做人、干干净净做事。

歌曲《领航》唱道：“伟大的中国共产党，乘风破浪，扬帆远航，领航中国在新时代的征程上。”中国共产党人历经百年探索出来的“对建设什么样的长期执政的马克思主义政党、怎样建设长期执政的马克思主义政党的规律性认识”，是我们“时刻保持解决大党独有难题的清醒和坚定”的“东风”，是我们深入推进新时代党的建设新的伟大工程必须坚守的“正”。新时代新征程上，我们可能还会遇到更多的险滩恶浪，“时刻保持解决大党独有难题的清醒和坚定”，坚持守正与创新，以“风”破“浪”，深入推进新时代党的建设新的伟大工程，我们伟大的党，必将行稳致远、扬帆远航。

第三章

正确处理理想与现实的关系

有信仰的人——这是人们对中国共产党人的至高评价。

2012 年 11 月 17 日，习近平总书记在十八届中央政治局第一次集体学习时的重要讲话中指出："坚定理想信念，坚守共产党人精神追求，始终是共产党人安身立命的根本。对马克思主义的信仰，对社会主义和共产主义的信念，是共产党人的政治灵魂，是共产党人经受住任何考验的精神支柱。"①

2015 年 9 月 11 日，习近平总书记在十八届中央政治局第二十六次集体学习时强调，"我们共产党人的根本，就是对马克思主义的信仰，对共产主义和社会主义的信念，对党和人民的忠诚。立根固本，就是要坚定这份信仰、坚定这份信念、坚定这份忠诚"，"只有在立根固本上下足了功夫，才会有强大的免疫力和抵抗力"。②

事实充分证明，只有理想信念坚定的人，才能始终不渝、百折不挠，不论风吹雨打，不怕千难万险，坚定不移为实现既定目标而奋斗。中国共产党人一路奋斗而来，就是一群这样的人，一群理想信念坚定的人。

① 《习近平谈治国理政》第一卷，外文出版社 2018 年版，第 15 页。
② 《十八大以来重要文献选编》(中)，中央文献出版社 2016 年版，第 676、677 页。

一、“是什么”：坚守什么样的理想信念

习近平总书记强调，中国共产党始终是有崇高理想和坚定信念的党。这个理想信念，就是马克思主义信仰、共产主义远大理想、中国特色社会主义共同理想。①

具体来说：

一是马克思主义的崇高信仰。习近平总书记多次强调，马克思主义是我们认识世界、把握规律、追求真理、改造世界的强大思想武器②，是我们立党立国的根本指导思想③，是我们共产党人理想信念的灵魂④。

二是共产主义的远大理想。习近平总书记强调：“共产主义是我们党的远大理想。”⑤中国共产党成立百年来，共产主义远大理想激励了一代又一代共产党人英勇奋斗，成千上万的烈士为了这个理想献出了宝贵生命。

三是中国特色社会主义的共同理想。习近平总书记提出，要深刻认识共产主义远大理想和中国特色社会主义共同理想的辩证关系，既不能离开发展中国特色社会主义事业、实现民族复兴的现实工作而空谈远大

① 参见《习近平谈治国理政》第四卷，外文出版社 2022 年版，第 522 页。
② 参见习近平：《在党史学习教育动员大会上的讲话》，人民出版社 2021 年版，第 12 页。
③ 参见习近平：《在庆祝中国共产党成立 100 周年大会上的讲话》，人民出版社 2021 年版，第 12 页。
④ 参见《习近平谈治国理政》第三卷，外文出版社 2020 年版，第 74 页。
⑤ 《习近平谈治国理政》第二卷，外文出版社 2017 年版，第 326 页。

理想，也不能因为实现共产主义是一个漫长的历史过程就讳言甚至丢掉远大理想。[①]

习近平总书记还指出，共产主义决不是“土豆烧牛肉”那么简单，不可能唾手可得、一蹴而就，但我们不能因为实现共产主义理想是一个漫长的过程，就认为那是虚无缥缈的海市蜃楼，就不去做一个忠诚的共产党员。革命理想高于天。实现共产主义是我们共产党人的最高理想，而这个最高理想是需要一代又一代人接力奋斗的。如果大家都觉得这是看不见摸不着的东西，没有必要为之奋斗和牺牲，那共产主义就真的永远实现不了了。我们现在坚持和发展中国特色社会主义，就是向着最高理想所进行的实实在在努力。[②]

特别要指出的是，针对某种理想信念“缥缈论”，在阐释共产党人理想信念的基本要素的基础上，习近平总书记提出了检验理想信念的标准，可以称为理想信念“可验论”。

2013 年 6 月 28 日，习近平总书记在全国组织工作会议上的重要讲话中指出：“革命战争年代，检验一个干部理想信念坚定不坚定，就看他能不能为党和人民事业舍生忘死，能不能冲锋号一响立即冲上去，这样的检验很直接。和平建设时期，生死考验有，但毕竟不多，检验一个干部理想信念是否坚定确实比较难，X 光、CT 、核磁共振成像也没有办法。”

① 参见《习近平谈治国理政》第三卷，外文出版社 2020 年版，第 505 — 506 页。
② 参见《习近平谈治国理政》第二卷，外文出版社 2017 年版，第 142 — 143 页。

进而他指出："当然，也不是不能检验。那就主要看干部是否能在重大政治考验面前有政治定力，是否能树立牢固的宗旨意识，是否能对工作极端负责，是否能做到吃苦在前、享受在后，是否能在急难险重任务面前勇挑重担，是否能经得起权力、金钱、美色的诱惑。"

他还说："这样的检验需要一个过程，不是一下子、经历一两件事、听几句口号就能解决的，要看长期表现，甚至看一辈子。"①

理想信念和初心使命是具体的、实践的，不是只拿来说、只拿来当口号喊的，更不是用来装点门面的。对于党员干部来说，理想信念和初心使命是不是坚定执着，主要可以通过以下几方面来衡量和检验：一是政治上看忠诚，主要是看党员干部能否始终做到对党忠诚；二是立场上看共情，主要是看能否做到始终把人民放在心中最高位置；三是关键时看定力，主要是看能否做到关键时刻经得起考验；四是利益上看算计，主要是看能否做到正确处理小我和大我的关系。

坚守理想信念，一个显著的例子是"太行公仆"吴金印。

吴金印担任乡镇党委书记半个世纪多，带领群众在山川河滩造出新田1300余公顷，农民叫他"造地书记"；他一年四季穿着老布鞋，百姓叫他"平民书记"；他不间断地和群众同吃、同住、同劳动，群众叫他"三同书记"。

吴金印事迹感人，他的许多话也让人铭心刻骨。吴金印说："老百姓

① 《习近平谈治国理政》第一卷，外文出版社2018年版，第415页。

养头猪，一年能换几百元钱；养只鸡，一年能攒一罐鸡蛋。咱们当干部的，吃的是人民的粮食，花的是人民缴的税，如果不替人民办事，还不如一头猪、一只鸡。”这就是践行共产党人理想信念的生动体现。

二、“为什么”：坚守理想信念何以重要

理想信念事关头脑清醒。

先来看党的十八大以来中央有关部门公布的一些党员干部头脑不清醒的例子。

张某，中共党员，C 省 A 市 N 局党委书记、局长。2013 年，N 局办公楼搬迁，张某找“大师”杨某给其新办公室看风水，选择动迁日期，并按杨某指点确定办公桌摆放位置。2015 年，因职务晋升不顺利，张某又在杨某指点下，在办公楼大厅内摆放屏风以改善风水。2016 年初，因对 C 省省委巡视组即将巡视 N 局感到恐慌，张某又先后两次找杨某为其算命，占卜吉凶。

黄某，中共党员，某市科技局局长。一直以来，黄某痴迷风水，经常和所谓“大师”们交往，拜师问“道”，请他们“指点迷津”“点拨一二”，可谓“真信笃行”。某日，经朋友介绍，黄某又认识了一个据称“精通风水、道法”的“大师”。经这个“大师”提点，黄某组织人员在两个乡镇各建了一座“风水屋”，并在自己的居所专门设了一间“风水室”，以保佑自己官运亨通。科技局局长竟然信风水、搞迷信，

这在当地造成了非常不好的影响。

中央纪委国家监委网站在发布的报道《透视违纪违法党员干部忏悔录》中提到："在公开曝光的忏悔录中，'理想信念出了问题'是出现频率最高的关键词。""理想信念缺失""彻底背离了党的理想信念宗旨""理想信念完全丧失"等表述几乎出现在每一篇忏悔录中。

为什么总是在身陷囹圄后，这些党员干部才幡然醒悟"理想信念缺失"，其中的警示不可不深察。党员干部一旦丧失了理想信念，就会把握不住自己，从而迷失方向，越过做党员甚至做人的底线，在错误路上越走越远、行无所止。

浙江省金融控股有限责任公司原党委书记、董事长钱巨炎落马后在忏悔录中写道："我的理想信念已经有所松动了，认为共产主义理想只是一种抽象的遥不可及的概念而已，只是写在纸上挂在墙上，是很难落地的……"事实说明，党员干部职级提升了，但思想意识停滞不前甚至倒退的现象依然存在。

有些干部不信马列信鬼神，找"风水"看"时辰"问"大师"，期望通过封建迷信寻求心理安慰、获得仕途发展，他们对鬼神"虔诚"的背后，就是"总开关"失守、精神颓废、堕入迷途。

坚守理想信念何以重要？

（一）从主体视角看

第一，从国家视角看，理想信念关乎国家和民族的前途命运。理想信念可以将民众团结起来，增强民族凝聚力。尤其在全球化背景下，国家和民族的生存、发展更需要理想信念和道德价值的支撑。习近平总书记指出："一个民族、一个人能不能把握自己，很大程度上取决于道德价值。""如果没有自己的精神独立性，那政治、思想、文化、制度等方面的独立性就会被釜底抽薪。"①

第二，从政党视角看，理想信念是中国共产党人的精神支柱和政治灵魂，也是保持党的团结统一的思想基础。习近平总书记曾反复强调："理想信念就是共产党人精神上的'钙'，没有理想信念，理想信念不坚定，精神上就会'缺钙'，就会得'软骨病'。"②

理想信念关乎执政党的生死存亡。习近平总书记指出："理想信念动摇是最危险的动摇，理想信念滑坡是最危险的滑坡。一个政党的衰落，往往从理想信念的丧失或缺失开始。"③在新的历史条件下，我们党面临的"四大考验""四种危险"越来越突出、越来越严峻，理想信念是解决这些问题的"总开关"，理想信念动摇、丧失或缺失，会给执政党带来"无可挽回的历史性错误"。

历史充分证明，一个政党的衰落，往往从理想信念的丧失或缺失开始。因此，我们党是否坚强有力，既要看全党在理想信念上是否坚定不移，也要看每一位党员在理想信念上是否坚定不移。

第三，从党员干部视角看，领导干部有了坚定的理想信念，站位就

① 《习近平关于社会主义文化建设论述摘编》，中央文献出版社 2017 年版，第 139 页。
② 《习近平谈治国理政》第一卷，外文出版社 2018 年版，第 15 页。
③ 《习近平谈治国理政》第二卷，外文出版社 2017 年版，第 34 页。

高了，心胸就开阔了，就能坚持正确政治方向，做到“风雨不动安如山”。领导干部一旦丧失了理想信念，就会把握不住自己，就会迷失方向，不仅会越过做党员的底线，而且会越过做人的底线。

道理十分明显也十分深刻，就像2014年10月8日习近平总书记在党的群众路线教育实践活动总结大会上的讲话中所指出的：“对党员、干部来说，思想上的滑坡是最严重的病变，‘总开关’没拧紧，不能正确处理公私关系，缺乏正确的是非观、义利观、权力观、事业观，各种出轨越界、跑冒滴漏就在所难免了。”①

（二）从功能视角看

1. 无用之用有大用

理想信念看似无形，关键时就会明心见性。

在革命、建设、改革各个历史时期，一代又一代共产党人为了党和人民事业英勇奋斗，甚至献出生命，靠的就是觉悟。战场上共产党人冒着枪林弹雨勇往直前、冲锋陷阵，刑场上共产党人视死如归、从容就义，危难时共产党人豁得出来、冲得上去，都不是靠强迫命令，而是靠觉悟。离开了高度的革命觉悟，其他原因是不能解释他们何以如此舍生忘死的。

2. 底层逻辑保运行

中国共产党不是因利益而是因道义而结成的政党，理想信念就是我

---

① 《十八大以来重要文献选编》（中），中央文献出版社2016年版，第94—95页。

们这个马克思主义政党的底层逻辑。

2018年1月5日，在新进中央委员会的委员、候补委员和省部级主要领导干部学习贯彻习近平新时代中国特色社会主义思想和党的十九大精神研讨班上的重要讲话中，习近平总书记指出：“马克思主义政党不是因利益而结成的政党，而是以共同理想信念而组织起来的政党。建设坚强的马克思主义执政党，首先要从理想信念做起。对马克思主义的信仰，对社会主义和共产主义的信念，是共产党人的政治灵魂，是共产党人经受任何考验的精神支柱。”①

3. 前行路上导航向

应当看到，今天我们党所面临的像战争年代那种血与火的生死考验少了，但新的风险挑战仍在继续，我们党正面临着一系列重大挑战、重大风险、重大阻力、重大矛盾的艰巨考验。没有坚定的理想信念，就会在乱云飞渡的复杂环境中迷失方向、在泰山压顶的巨大压力下退缩逃避、在糖衣炮弹的轮番轰炸下缴械投降。

对于导航前行，理想信念具体来说发挥着怎样的功能?

（1）“防摇摆”：“价值支撑”

在改革开放历史新时期，陈云高度重视对党员干部的理想信念教育。他反对“共产主义遥遥无期”的观点，明确指出，这个观点是不对的，应当说，共产主义遥遥有期，社会主义就是共产主义的第一阶段。

① 习近平：《推进党的建设新的伟大工程要一以贯之》，《求是》2019年第19期。

他强调："社会主义经济建设和经济体制改革，更加要有为共产主义事业献身的精神。""马克思主义、共产主义的真理，一定会战胜资本主义腐朽思想和作风的侵蚀。"① 他强调，如果共产党人没有理想信念，理想信念不坚定，精神上就会得"软骨病"，就会在风雨面前东摇西摆。

（2）"防躺平"："动力支撑"

回望百年党史，千千万万共产党人为了理想信念不惜抛头颅、洒鲜血。正如邓小平所说："在我们最困难的时期，共产主义的理想是我们的精神支柱，多少人牺牲就是为了实现这个理想。"② 走向绞刑架的李大钊，发出了"共产主义在中国必然得到光辉的胜利"的坚贞誓言。面对敌人屠刀的夏明翰，写下"砍头不要紧，只要主义真。杀了夏明翰，还有后来人"的雄壮诗篇。面对敌人 6 天内 9 次劝降，瞿秋白作出了"人爱自己的历史，比鸟爱自己的翅膀更厉害，请勿撕破我的历史"的铿锵回答。

2021 年 6 月 25 日，习近平总书记在十九届中央政治局第三十一次集体学习时的重要讲话中指出："我多次引用'革命理想高于天'来说明理想信念的重要性。我们党取名为'共产党'，就是认定了共产主义这个远大理想。"③

今天要看到的是，在一种长期和平优渥的环境中，远离战火纷飞、

① 《陈云文选》第三卷，人民出版社 1995 年版，第 353、355 页。
② 《邓小平文选》第三卷，人民出版社 1993 年版，第 137 页。
③ 习近平：《用好红色资源 赓续红色血脉 努力创造无愧于历史和人民的新业绩》，《求是》2021 年第 19 期。

生死考验的险境，一些领导干部容易丧失进取之心、奋斗之心，进入一种“躺平”的状态——这种状态虽不是险境，却是陷阱。

（3）“防围猎”：“定力支撑”

“围猎”一词，本意是从四面合围起来捕捉禽兽，在反腐败斗争中，是指一些别有用心的人拉拢腐蚀党员领导干部。梳理党的十八大以来领导干部违纪违法案件，很多领导干部出问题，就是由于没有抵制住形形色色的诱惑，成为不法分子的“猎物”，最终付出了惨痛的代价。

反“围猎”，理想信念是很好的屏障。2016 年 1 月 12 日，习近平总书记在十八届中央纪委六次全会上的重要讲话中指出：“‘身之主宰便是心’；‘不能胜寸心，安能胜苍穹’。‘本’在人心，内心净化、志向高远便力量无穷。对共产党人来讲，动摇了信仰，背离了党性，丢掉了宗旨，就可能在‘围猎’中被人捕获。只有在立根固本上下功夫，才能防止歪风邪气近身附体。”[①]

三、“怎么办”：新时代如何坚守理想信念

理想信念并不是天生具有的，它是人的生活经历和思想认识积累与升华的产物。虽然理想信念本身有其稳定性，这是它不同于其他心理意识形式的重要特点，但它不是一成不变的，更不是一劳永逸的，作为一

① 习近平：《在第十八届中央纪律检查委员会第六次全体会议上的讲话》，人民出版社 2016 年版，第 21 页。

种精神现象，它必然会受到外部环境的影响。

理想信念需要自觉保持，共产党人应该像保护自己的眼睛一样，小心呵护、自觉维护自己的理想信念。如果不注重精神上的自我修养，对自己的理想信念疏于涵养和培育，就有可能在某些情况下动摇甚至放弃理想信念。

2021年9月1日，习近平总书记在2021年秋季学期中央党校（国家行政学院）中青年干部培训班开班式上的重要讲话中指出，形成坚定理想信念，既不是一蹴而就的，也不是一劳永逸的，也不是自己认为坚定就坚定的，而是要在斗争实践中不断砥砺、经受考验。年轻干部要牢记，坚定理想信念是终身课题，需要常修常炼，要信一辈子、守一辈子。①

具体来说，理想信念该如何坚守呢？

（一）“学理论”：把坚定的理想信念建立在深入学习科学理论上

我们党深刻认识到，坚定的理想信念，必须建立在对马克思主义的深刻理解之上，建立在对历史规律的深刻把握之上。

认识真理，掌握真理，信仰真理，捍卫真理，是坚定理想信念的精神前提。中国共产党人的理想信念，建立在马克思主义科学真理的基础之上，建立在马克思主义揭示的人类社会发展规律的基础之上，建立在

① 参见习近平：《努力成为可堪大用能担重任的栋梁之才》，《求是》2022年第3期。

为最广大人民谋利益的崇高价值的基础之上。

"我们坚定，是因为我们追求的是真理。我们坚定，是因为我们遵循的是规律。我们坚定，是因为我们代表的是最广大人民根本利益。"[①]2016 年 10 月 21 日，在纪念红军长征胜利 80 周年大会上的重要讲话中，习近平总书记如是说。

我们党在中国这样一个有着 14 亿多人口的大国执政，面对十分复杂的国内外环境，肩负繁重的执政使命，如果缺乏理论思维，是难以战胜各种风险和困难的，也是难以不断前进的。这就要求我们加强理论学习，掌握和运用辩证唯物主义和历史唯物主义，掌握贯穿其中的马克思主义立场、观点、方法，深入认识共产党执政规律、社会主义建设规律、人类社会发展规律。

（二）"知历史"：把坚定的理想信念建立在深刻把握党的历史上

世界上没有哪个党像我们党这样，遭遇过如此多的艰难险阻，经历过如此多的生死考验，付出过如此多的惨烈牺牲。我们党的每一段革命历史，都是一部理想信念的生动教材。

在 100 多年的非凡奋斗历程中，一代又一代中国共产党人顽强拼搏、不懈奋斗，涌现了一大批视死如归的革命烈士、一大批顽强奋斗的英雄人物、一大批忘我奉献的先进模范，形成了井冈山精神、长征精

① 《习近平谈治国理政》第二卷，外文出版社 2017 年版，第 50 页。

神、遵义会议精神、延安精神、西柏坡精神、红岩精神、抗美援朝精神、“两弹一星”精神、特区精神、抗洪精神、抗震救灾精神、脱贫攻坚精神、探月精神等伟大精神，构筑起了中国共产党人的精神谱系。我们党之所以历经百年而风华正茂、饱经磨难而生生不息，就是凭着那么一股革命加拼命的强大精神。

这些宝贵精神财富跨越时空、历久弥新，集中体现了党的坚定信念、根本宗旨、优良作风，凝聚着中国共产党人艰苦奋斗、牺牲奉献、开拓进取的伟大品格，深深融入我们党、国家、民族、人民的血脉之中，为我们立党兴党强党提供了丰厚滋养。

光荣传统不能丢，丢了就丢了魂；红色基因不能变，变了就会变质变色变味。

2021 年 4 月 25 日上午，正在广西考察调研的习近平总书记，来到位于桂林市全州县才湾镇的红军长征湘江战役纪念园，向湘江战役红军烈士敬献花篮，并参观红军长征湘江战役纪念馆。

他指出：“湘江战役，是中国革命最壮烈的一段之一，也是中国革命生死存亡的一个重要的历史事件。舍生忘死的红军将士靠什么？靠的是理想信念，成功的奥秘就在这里，革命理想高于天，这样才能够不断地取得奇迹般的胜利。我们下个一百年、中华民族伟大复兴，就应该抱有必胜的信念。困难再大，想想红军长征，想想我们血战湘江。相信大家在这都会受到一种灵魂的洗礼、精神的升华。”①

（三）“察时事”：把坚定的理想信念建立在洞察内外时事上

要从外国和外国政党的兴衰成败中，从我们国家和我们党的历史中，从这些年党内正反两方面的典型中，吸取经验教训，自觉挺起共产党人的精神脊梁，用实际行动让人民群众感受到理想信念和高尚人格的强大力量。

苏联解体是我们经常提及的一个著名事例。习近平总书记深刻地指出：“苏联为什么解体？苏共为什么垮台？一个重要原因就是意识形态领域的斗争十分激烈，全面否定苏联历史、苏共历史，否定列宁，否定斯大林，搞历史虚无主义，思想搞乱了，各级党组织几乎没任何作用了，军队都不在党的领导之下了。最后，苏联共产党偌大一个党就作鸟兽散了，苏联偌大一个社会主义国家就分崩离析了。这是前车之鉴啊！”②

看看美国的有关现状，对于我们坚定“四个自信”也是有很大帮助的。

根据新华社 2023 年 2 月 23 日发布的《美国贫富分化持续恶化的事实真相》报告，美国阶层固化严重。据美国经济学家拉杰·切蒂等人研究，收入高于父母的美国人比例从 20 世纪 40 年代的超过 90% 下降

① 《习近平：坚定理想信念 弘扬长征精神》，旗帜网 2021 年 4 月 26 日。
② 《十八大以来重要文献选编》（上），中央文献出版社 2014 年版，第 113 页。

到20世纪80年代的约50%。其中，中产阶级家庭降幅最大，年轻人增加收入的机会越来越少，主要原因不是经济增长放缓，而是财富分配不公。奥巴马政府白宫经济顾问委员会主席阿兰·克鲁格认为，美国社会的高度不平等造成了代际流动水平较低，形成了一个“了不起的盖茨比曲线”，个人经济状况更多由父母经济地位决定。

同时，美国的贫困问题从未得到有效解决。1959年至1969年，美国总体贫困率下降了10个百分点以上，此后一直在12.5%左右徘徊不前。据美国人口普查局数据，2010年美国贫困人口达4620万人，贫困率高达15.1%，为52年来最高。2020年的贫困率达11.4%，比2019年的10.5%上升了0.9个百分点。目前，美国仍有3700万人生活在贫困线以下。

若要问为什么美国的贫富差距状况迟迟得不到有效解决，答案只能从社会制度中去寻找——事实上，资本主义从来都是鼓励或者默许贫富差距的，甚至将之视为激励人努力拼搏的重要社会机制。

（四）“守初心”：把坚定的理想信念建立在坚持为民服务上

全心全意为人民服务是党的根本宗旨，也是党员干部践行理想信念的根本出发点和落脚点。

共产党人讲理想信念，就要走到人民中、落到为民服务上，通过具体的工作实践和成效，让群众看得见、摸得着、感受得到。

正所谓：“有福民先享，有难官先当。”这正是对共产党的官而言的。

华西村老书记吴仁宝的话，十分深刻，发人深思。

他说：“过去人们常说：‘有福同享，有难同当。’这是对的，但还不够，‘有福同享，有难同当’的思想观念，也要与时俱进。古往今来，很多人往往是能共患难，不能同富贵。而我们不同，提倡的是‘有福民先享，有难官先当’，既能共患难，又能同富贵；既能见困难就上，又能见荣誉就让。当今社会，有少数单位为什么搞不好？为什么人心涣散？为什么难以改变面貌，难以发展呢？这些地方是‘有福官享，有难民当’。实践证明，凡是一个单位‘有福官享，有难民当’的，就难以有向心力、凝聚力，就难以发展。凡是一个单位，能够做到‘有福民先享，有难官先当’的，组织就有战斗力，干部就有权威，经济就能发展，老百姓就能得到真正实惠。说到底，就是党员干部要淡泊名利，要有奉献精神，真正是‘权为民所用、情为民所系、利为民所谋’。事实上，只要我们做到‘有福民先享’的，老百姓也不会让我们做干部的穷到哪里去；只要我们‘有难官先当’的，当真正遇到困难的时候，老百姓也一定会支持我们，共同挑起担子，共同克服困难。”

他说：“一个人要有信仰。我就信仰共产党，信仰马克思主义。我一直没有动摇信仰，如果说我动摇了，也可能就没有今天的华西。我最满意、最看重的是先进共产党员的这个奖励。不管到哪个地方，你要有信仰，要让当地老百姓富起来，只有这样子，你才能够成功，才能够发展，老百姓才拥护。”

“家有黄金数吨，一天也只能吃三顿；豪华房子独占鳌头，一人也只占一个床位。一名共产党员，一定要想通。如果一个人活在世上，有几百万、几千万，甚至几个亿，而另一个人只有几百块、几千块、几万块，但到了马列主义那里报到，都是一样。”

他还说：“人活着为什么？人死后留下什么？一个人活着，需要钱，但不能仅为了钱，应为国家、为人民多作贡献。一个人死了，死即了了，但了的是物质的东西，精神形象不会了，多留一点好的精神、好的形象给子孙后代，比留给子孙财产更重要。”

“我的看法，再多的钱，你要一走（去世），什么都没有了，要想得通。这个想得通，不是说我消极了，吃了玩了，不是，是为老百姓服务。我为大家服务自己得到的，是精神愉快、身体健康。如果我拿了一亿，可能精神就没有这么愉快，身体也没这么好。”

（五）“担使命”：把坚定的理想信念建立在勇于担当作为上

理想信念和初心使命本质上是实践的，只有见诸行动、担当作为，才有说服力和感召力。

中国共产党人的理想信念具有坚实的理论基础，但它并不停留在抽象的理论上，而是在与中国实际相结合的实践中不断现实化和具体化。

无论在什么时代，行动都具有最强的说服力，担当最能彰显一个人的理想信念。

1943 年，延安开始审查干部运动，在当时国民党反动势力对革命根据地大肆进行渗透破坏的情况下，对干部队伍进行认真审查是完全必要的，但在实际工作中由于过分严重地估计了敌情，特别是具体负责这项工作的康生推行极左方式、大搞“逼供信”，使审干工作发生了严重偏差，造成了大批冤假错案。

习仲勋当时是绥德地委书记，了解到绥德师范学校出现了不少学生迫于体罚逼供压力假坦白的事，感到非常痛心。他经过深入调查研究，慎重提出要把思想认识问题和政治立场问题区分开来，避免审干工作中的扩大化错误，并向党中央和西北局如实反映了有关情况，建议党中央及时制止逼供信、纠正“左”倾错误。

在当时情况下，这样做是冒着很大政治风险的，而习仲勋甘冒这个风险，就是因为他认为对党忠诚就不要说假话。

这个事例，是习近平总书记讲的。

县委书记的好榜样谷文昌，也是具有强烈担当精神的典范。

福建省东山县是 1950 年 5 月解放的，国民党在败退台湾前从东山疯狂抓壮丁、充兵源，仅有 1 万多户人家的东山县就被抓走了 4700 多名青壮年，解放时这些壮丁家属被定为“敌伪家属”。时任东山县第一区工委书记的谷文昌则认为，壮丁们是被国民党绑走的，他们的家属是受害人，建议把“敌伪家属”改成“兵灾家属”，后来上级采纳了这个建议，并决定对这些家属政治上不歧视、经济上平等对待、生活困难给予救济，孤寡老人由乡村照顾。1953 年 7 月，国民党部队 1 万多人突袭东山，而我们守岛部队不过千人，兵力悬殊，但东山军民众志成城，最终取得了保卫战胜利。兵灾家属说："国民党抓走我们的亲人，共产党把我们当成亲人养。哪怕做鬼，我也愿为共产党守岛！"

谷文昌这样做，也是冒了很大的风险的。

两晋学士虚谈废务，王衍就是其中一个代表人物，可谓舌辩滔滔、无人能及。西晋末年，羯族首领石勒起兵进犯洛阳，王衍作为太尉随军前去讨伐，结果兵败被俘。石勒问他西晋溃败的原因，他百般为自己开脱，说自己从年少时就不参与政事。石勒斥责他：你名盖四海，身居重任，少壮登朝，至于白首，怎么能说没参与朝廷政务，"破坏天下，正是君罪"。后来，王衍被石勒派人杀死，王衍临死时哀叹，如果自己平时不是追求虚浮，而是努力做事，也不至于到这个地步。[①]

这个故事，也是习近平总书记讲的。

当然，行动也是要看动机和效果的。我们党强调要"树立和践行正确政绩观"，是对一些干部中存在的错误政绩观的否定和纠正，比如有的干部缺乏担当精神，满足于工作中"不犯错误""不出问题"；有的干部只顾解决眼前问题而不顾后果，导致"解决一个问题，留下十个遗憾"；还有的干部热衷于表面功夫，搞"面子工程""形象工程"；等等。

（六）"提境界"：把坚定的理想信念建立在提升境界格局上

2015 年 12 月 11 日，习近平总书记在全国党校工作会议上的重要讲

① 参见习近平：《努力成为可堪大用能担重任的栋梁之才》，《求是》2022 年第 3 期。

话中指出："世界社会主义实践的曲折历程告诉我们，马克思主义政党一旦放弃马克思主义信仰、社会主义和共产主义信念，就会土崩瓦解。共产党人如果没有信仰、没有理想，或信仰、理想不坚定，精神上就会'缺钙'，就会得'软骨病'，就必然导致政治上变质、经济上贪婪、道德上堕落、生活上腐化。"[①]

理想信念对于个人有着怎样的催化作用呢？

"有了坚定的理想信念，站位就高了，眼界就宽了，心胸就开阔了，就能坚持正确政治方向，在胜利和顺境时不骄傲不急躁，在困难和逆境时不消沉不动摇，经受住各种风险和困难考验，自觉抵御各种腐朽思想的侵蚀，永葆共产党人政治本色。"[②]2013 年 1 月 5 日，习近平总书记在新进中央委员会的委员、候补委员学习贯彻党的十八大精神研讨班上的重要讲话中如是说。

河南省濮阳县西辛庄村党支部书记李连成的故事，就体现了高远的人生境界。

李连成家里兄弟姐妹多，家庭非常贫困，但李连成非常聪明，用老百姓的话说，那就是"脑袋瓜儿灵活"。他和伙伴们做游戏，极少有输的时候。特别是打牌和下棋，他从未输过。因村里地处山东、河北、河南三省交界之处，大家送李连成一个外号叫"盖三省"。

李连成在大家的犹豫和猜疑中，率先拿出资金，成功说服 12 户村

① 《习近平谈治国理政》第二卷，外文出版社 2017 年版，第 326 页。
② 《十八大以来重要文献选编》（上），中央文献出版社 2014 年版，第 117 页。

民与他一起筹资 21 万元，办起了村内第一家企业——造纸厂。两年后，企业赢利 200 余万元，一股分红 12.7 万元，在全村引起了巨大的轰动，有羡慕的，有后悔的，有眼红的……总之，村民都想着要在企业里入股！

作为村支书的李连成，陷入了深深的思考。他心中有一个让所有亲人和朋友都想不到的想法：他想让全村人都入股，家家户户都能参与分红！

面对一家盈利能力极强的企业，谁都知道这当中的利益关系。让群众入股，意味着股东们受损失；不让入股，群众什么时候才能快速致富？一边是依然在贫困线上挣扎的群众，一边是与自己同甘共苦的朋友们，李连成作为村党支部书记，不能无动于衷。

李连成召开股东会，毅然提出了让全村群众入股的建议。13 户股东，只有他一人同意！李连成用了很多方法，终于说服了众人，最终将股份以 68 万元的价格转让给村民，让全村群众以 1 万元为 1 股参股企业。1997 年元旦，全村群众欢欣鼓舞，仅此一天，全村集资 120 万元，形成了“家家有股，户户分红”的发展模式。

1998 年，国家号召开展小康村建设工作。李连成结合村内实际，摸清了群众的心思：通过企业分红，家里有了钱，都想要建设新房子，改善居住条件！并且已经有一些家庭新盖起了红砖瓦房。李连成召开村“两委”会议，商讨全面规划新农村的事情，得到了村“两委”的一致拥护。全村召开村民大会，结合小康村建设要求，对全村进行新村规划，重新划定庄基，折旧建新，打造美丽新农村。

在选择庄基的时候，李连成舍弃了村里为他选定的一处中心地段，而是选取了一处人人都不想要、深达 3 米的臭水坑。为垫庄基，仅是取土填坑一项，他就花费了 16000 多元，他对不理解的妻子说："咱是村支书，要带头吃亏。"①

李连成从来没有骄傲。他其貌不扬，生活简朴，极度清廉。到过西辛庄村的人都知道，李连成给村里定了一个规矩：村里不设吃喝招待费用。村里的招待费始终是零。不论是视察的领导、采访的记者，还是洽谈业务的客商，李连成都是清茶一杯，最"慷慨"的待客之道，也不过是请客人到自己家里吃碗面条。李连成认为，村里的每一分钱都是群众用血汗挣来的，能省下一分钱就能为群众多办一点事，谁也没有权力去乱花。他曾经对全村人立下誓言："我要是喝村里一盅酒，就割掉我的舌头；乱花村里一分钱，就剁掉我的手指头。"因为有了人生至高境界，李连成成为广大共产党员的楷模和典范。

（七）"常锤炼"：把坚定的理想信念建立在经受实践磨砺上

共产党，顾名思义，就是姓"马"、姓"共"，信马克思主义、共产主义。真正的马克思主义者必须拥有坚定的理想信念，为了理想而奋斗不息、百折不挠。1920 年 11 月，上海共产主义小组制定的《中国共

① 参见《另类李连成，沧桑西辛庄》，濮阳网 2016 年 8 月 23 日。

产党宣言》指出："共产主义者的目的是要按照共产主义者的理想，创造一个新的社会。"[①]毛泽东强调："我们共产党人从来不隐瞒自己的政治主张。我们的将来纲领或最高纲领，是要将中国推进到社会主义社会和共产主义社会去的，这是确定的和毫无疑义的。我们的党的名称和我们的马克思主义的宇宙观，明确地指明了这个将来的、无限光明的、无限美妙的最高理想。"[②]邓小平说："为什么我们过去能在非常困难的情况下奋斗出来，战胜千难万险使革命胜利呢？就是因为我们有理想，有马克思主义信念，有共产主义信念。"[③]

中国特色社会主义进入新时代，党和国家各项建设事业取得的成就前所未有，面临的挑战、考验也前所未有。习近平总书记指出："全党要清醒认识到，我们党面临的执政环境是复杂的，影响党的先进性、弱化党的纯洁性的因素也是复杂的，党内存在的思想不纯、组织不纯、作风不纯等突出问题尚未得到根本解决。"[④]而理想信念则是从根子上解决这些突出问题的良药。

理想信念，源于追求崇高，强自坚守磨砺，既不会自发产生，也不会自然保质保鲜，稍不注意就可能蒙尘褪色，久不滋养就会干涸枯萎。共产党人没有自己的私人利益，追求的是共产主义远大理想和中国特色社会主义共同理想，追求的是中华民族伟大复兴。不能走着走着就变了

① 《建党以来重要文献选编（1921—1949）》第一册，中央文献出版社 2011 年版，第 486 页。
② 《毛泽东选集》第三卷，人民出版社 1991 年版，第 1059 页。
③ 《邓小平文选》第三卷，人民出版社 1993 年版，第 110 页。
④ 《习近平谈治国理政》第三卷，外文出版社 2020 年版，第 48 页。

味，要不忘初心、继续前进。

形成坚定理想信念，既不是一蹴而就的，也不是一劳永逸的，而是要在斗争实践中不断砥砺、经受考验。这里的关键意思就是："在实践中磨砺"。那么，什么样的实践最能磨砺年轻干部的理想信念呢？纵观习近平总书记的重要讲话，可以发现，艰难困苦的环境、实事求是的要求、开展斗争的需要、坚持原则的压力，等等，都是年轻干部修炼坚定理想信念的重要场合与方式。

最后要指出的是，人们对于理想信念的重要性，往往认识得比较充分，而对于坚守理想信念的复杂性，往往认识得不那么充分。实际上，关于坚守理想信念，有一个"四易四难"的道理，即知易行难、理易事难、小易大难、人易我难，这"四易四难"是要经常念叨的。

第四章

正确处理激励与约束的关系

习近平总书记在党的十九大报告中明确提出了新时代党的建设总要求，强调要“以调动全党积极性、主动性、创造性为着力点”，“坚持严管和厚爱结合、激励和约束并重，完善干部考核评价机制，建立激励机制和容错纠错机制，旗帜鲜明为那些敢于担当、踏实做事、不谋私利的干部撑腰鼓劲”。[①] 在党的二十大报告中，习近平总书记再次强调要认真落实新时代党的建设总要求，“坚持严管和厚爱相结合，加强对干部全方位管理和经常性监督，落实‘三个区分开来’，激励干部敢于担当、积极作为”[②]。由此可见，调动全党积极性、主动性、创造性是以习近平同志为核心的党中央一以贯之推进新时代党的建设新的伟大工程的重要着力点，坚持严管和厚爱结合、激励和约束并重是新时代进一步激励干部担当作为的重要原则。

习近平总书记曾用“六个如何”对“大党独有难题”作出了深入系统的阐释，并为新时代解决这些独有难题指明了方向、提供了遵循。解决“如何始终保持干事创业精神状态”独有难题的关键在于调动全党的积极性、主动性、创造性，而调动全党的积极性、主动性、创造性的关

① 《十九大以来重要文献选编》(上)，中央文献出版社 2019 年版，第 43、45 页。
② 习近平:《高举中国特色社会主义伟大旗帜　为全面建设社会主义现代化国家而团结奋斗——在中国共产党第二十次全国代表大会上的报告》，人民出版社 2022 年版，第 67 页。

键又在于必须正确地处理好激励与约束的关系，坚持激励和约束并重，实现党员干部激励与约束的动态平衡。

一、深刻把握坚持激励和约束并重的重大意义

坚持严管和厚爱结合、激励和约束并重，是建设堪当民族复兴重任的高素质干部队伍的重要原则。习近平总书记在不同场合多次谈到“激励干部担当作为”，强调要坚持激励和约束并重，充分激发党员干部内生动力，提振干部队伍干事创业的精气神。从理论逻辑、历史逻辑、现实逻辑三个层面来准确把握坚持激励和约束并重的重大意义，对于我们加强干部队伍建设、弘扬党的优良传统、实现新时代新征程各项目标任务，无疑具有非常重要的意义。

（一）正确认识激励与约束的辩证关系

准确把握激励与约束的科学内涵，是正确认识激励与约束辩证关系的重要前提。中国古语中很早就出现了“激励”一词，比如《史记·范雎蔡泽列传》中就有“欲以激励应侯”的表述。在《辞海》中，“激励”有激动鼓励使振作之意，也就是我们通常所说的调动人的积极性和主动性。现代意义上的“激励”起源于拉丁语，意指激发动机、鼓励行为、形成动力。“约束”一词古有盟约、束缚之意，比如《战国策·燕策》中的“坚明约束”、《庄子·骈拇》中的“约束不以缧索”等。在现代汉

语中，“约束”是指限制使不越出范围，有明确规范、限制行为、形成压力之意。

激励与约束是两种不同的管理活动。尽管激励与约束的最终目标一致——调动人的积极性、主动性、创新性，但二者在直接目的、实现手段、心理体验等方面是有区别的。在直接目的方面，激励的直接目的是满足人的合理需求，激发内在动力，提高工作效率；而约束的直接目的在于对人的行为施以有效的监督和控制，保证其不偏离组织目标方向。在实现手段方面，激励多采用物质奖励、精神鼓励、职务升迁等手段，而约束多采用通报批评、组织处理、纪法处分等手段。在心理体验方面，激励能使人产生工作的热情和动力，在满足个人合理需求的基础上，常给人良好的心理体验；而约束则更多的是使人产生恐惧感、危机感的心理压力，为保证个人行为不偏离组织目标方向，常给人紧张焦虑的心理体验。由此可见，激励与约束是不能相互代替的。

实际上，激励与约束是一个完整的、不可或缺的有机整体，二者之间是辩证统一的关系。激励是内生动力，约束是外在压力。只有真诚激励关爱，才能出凝聚力；只有从严约束管理，才能出战斗力。正如有的学者所指出的那样，“激励就像汽车的发动机，汽车要走必须要有发动机。但是仅有发动机汽车照样也不能开上路，还必须要有刹车装置。每个人要对他的经济后果负责任，也就是说，他要受到约束”[①]。在这里，

① 钱颖一：《激励与约束》，《经济社会体制比较》1999 年第 5 期。

激励起一个发动机的作用，约束起一个刹车的作用，这两者是缺一不可的。为什么这样讲呢？主要是因为在管理活动中，个人需要与组织目标并不总是一致的。当个人需求与组织目标一致时，我们应采用激励方式不断强化其行为；反之，当二者相悖时，我们应采用约束方式不断弱化其行为。就党员干部管理来说，激励就是从党员干部的需要出发，综合运用经济手段、法律手段和行政手段等多种方式来满足其合理需求，进而激发其完成目标的内在动力。约束就是运用精神道德或制度规范对党员干部的行为进行有效的监督和控制，进而保证其行为符合党的初心和使命。“激励与约束”的难题是指，如何实现既能有效地调动人的积极性、主动性和创造性，同时又能约束和规范人的行为，进而高效地实现目标。简而言之，就是如何保持党员干部激励与约束的动态平衡。

（二）坚持激励和约束并重是加强马克思主义政党建设的必然要求

从理论逻辑看，调动全党的积极性、主动性、创造性是马克思主义建党学说的一条基本原理，坚持激励和约束并重是唯物辩证法在党的建设中的重要体现。

马克思主义经典作家历来都把加强纪律建设摆在重要位置。1859 年 5 月 18 日，马克思在致恩格斯的一封信中讲过：“我们现在必须绝对保持党的纪律，否则将一事无成。”1920 年 3 月 29 日，列宁在俄共（布）第九次代表大会的讲话中也讲过。列宁强调，我们“需要有铁一般的纪律，铁一般的组织，否则，我们不仅支持不了两年多，甚至连两个月也支持不了”[①]。这些论述充分反映了他们对加强纪律建设的高度重视，这也是马克思主义政党区别于其他政党的显著特点之一。纪律严明是马克思主义政党的本质属性。我们党是靠革命理想和铁的纪律组织起来的马克思主义政党，组织严密、纪律严明是党的优良传统和独特优势，也是我们的力量所在。100 多年来，我们党之所以能够团结带领中国人民取得一系列伟大成就，战胜一系列困难挑战，很重要的一个原因就是靠严明的纪律规矩。

在严明党的纪律规矩的同时，马克思主义政党又非常重视组织对党员的激励和关爱，明确规定了党员在党内的主体地位，强调要通过发扬党内民主、建立党员干部激励关怀机制等措施来调动全党的积极性、主动性、创造性。在《共产主义者同盟章程》中，马克思、恩格斯明确提出：所有盟员都一律平等；盟员有权参加讨论各级乃至中央委员会认为具有普遍的和直接的利害关系的某些问题。[②]列宁强调要按照民主原则来建立党组织，“任何对党的一般路线的分析或对党的实际经验的总结，对党的决定的执行情况的检查，以及关于如何纠正错误的方法的探讨等等……只能直接交给全体党员讨论”[③]。作为在马克思主义建党学说指导下建立起来的无产阶级政党，中国共产党很好地继承和发展了坚持激励和约束并重的原则，在始终保持严格执行党内纪律规矩的同时，积极探

① 《列宁全集》第三十八卷，人民出版社 2017 年版，第 287 页。
② 参见《马克思恩格斯全集》第四卷，人民出版社 1958 年版，第 572、574 页。
③ 《列宁全集》第四十一卷，人民出版社 2017 年版，第 82 页。

索建立和完善党员干部的激励关怀机制，着力调动一切可以调动的积极因素，带领中国人民创造了“四个伟大成就”，开辟了管党治党的新境界。

（三）坚持激励和约束并重是管党治党实践积累的宝贵经验

从历史逻辑看，坚持激励和约束并重是我们党干部管理的优良传统，也是建设高素质干部队伍必须坚持的宝贵经验。历史已经充分证明，好干部都是严格监督约束出来的，也是真诚关爱激励起来的。建设高素质的干部队伍必须坚持一手抓严管约束，一手抓厚爱激励。只有坚持激励与约束两手抓、两手都要硬，才能充分调动全党的积极性、主动性、创造性，为新时代新征程上赢得更加伟大的胜利和荣光提供坚强人才保障。

一手抓严管约束，锻造纪律严明的党员干部队伍。党的一大通过的党纲规定：“地方委员会的财务、活动和政策，应受中央执行委员会的监督。”同时，派到地方工作的党员一定要受地方执行委员会的严格监督。[①] 党的二大通过的中国共产党第一部党章中就专设“纪律”一章，规定犯有六种情形之一的党员必须开除。可见，党自成立以来就非常注重加强纪律建设，用铁规矩、硬杠杠来约束党员干部的思想和行为。纪律是我们党与生俱来的鲜明烙印，纪律严明是党不断取得胜利的内在基

① 参见《建党以来重要文献选编（1921—1949）》第一册，中央文献出版社 2011 年版，第 2 页。

因。在百年奋斗历程中，党在加强纪律建设方面进行了很多有益的探索。比如，1929 年“九月来信”，确立了党内团结的规矩，为解决党内争论树立了典范。1938 年召开的党的六届六中全会，针对党内王明闹独立等问题，制定了《关于中央委员会工作规则与纪律的决定》，确立了党内统一的规矩。1941 年吸取皖南事变教训，中共中央政治局在延安通过了《中共中央关于增强党性的决定》，确立了增强党性的规矩。这些探索对于我们党的团结统一、夺取革命最后胜利发挥了极为重要的作用。

一手抓厚爱激励，提振共产党人应有的精气神。在强调严管的同时，党也非常注重关心关爱党员干部。在革命战争年代，我们党特别注意保护干部，强调要“尽可能避免不必要的牺牲”，努力保存党的干部。在长期的革命战争实践中，党初步确立了党管干部的原则和任人唯贤的干部路线，积极探索并践行陕甘宁边区政权建设的“三三制”原则，极大地调动了党员干部革命的积极性和主动性。在新中国成立后，我们党采取了许多激励干部的措施，建立了干部鉴定、干部学习、干部轮训等制度，有效地激发了党员干部参与社会主义建设的热情。改革开放以来，我们党在坚持有利于调动广大干部积极性和创造性原则的基础上，不断深化干部制度改革，探索建立了干部离退休制度、分级分类管理干部制度、公务员制度等，推进了党的干部工作的科学化、制度化、规范化。党的十八大以来，以习近平同志为核心的党中央明确全面从严治党的战略方针，坚持严管和厚爱结合、激励和约束并重，不断建立健全党员干部激励机制和容错纠错机制，为激发党员干部队伍永葆生机活力指明了具体方向。

（四）坚持激励和约束并重是新时代推进党的自我革命的现实需要

勇于自我革命是马克思主义政党的本质要求，是我们党区别于其他政党的显著标志，也是我们党最鲜明的品格和最大的优势。经过党的十八大以来全面从严治党，我们解决了党内许多突出问题，但党面临的“四大考验”“四种风险”仍将长期存在。坚持严管和厚爱结合、激励和约束并重，是破解当前部分党员干部怕担责不敢为、缺激励不愿为、本领少不会为等矛盾难题的必然要求，是新时代推进党的自我革命的现实需要。

党的十八大以来，以习近平同志为核心的党中央从制定实施中央八项规定开局破题推进全面从严治党，持之以恒全面加强纪律建设，推动管党治党从宽松软走向严紧硬，党风政风焕然一新。但在少部分人看来，全面从严治党带来的硬约束，束缚住了党员干部的手脚、挤压了干事的空间、损害了工作的积极性，甚至导致懒政庸政怠政等不愿、不敢、不会作为的现象日益增多。当然，也有人认为应当把厚爱激励放在首位，要多创造机会让大家放开手脚干，至于干事创业过程中出现的不正之风和腐败问题是在所难免的，对此应该持宽容的态度。这两种观点都是一种典型的形而上学思维，没有从唯物辩证法的高度来正确认识激励与约束的辩证关系。实际上，严管就是最大的厚爱，监督就是最好的保护。严管并不是要把干部管死，也不是要把干部队伍搞成一潭死水，而是要激励党员干部不断增强干事创业的精气神，更好地促进党和国家事业发展。由此可见，那种把激励与约束分割开来、把严管和干事创业对立起来、把一些党员干部不担当不作为归咎于从严管理的认识，是不正确的。

在我们看来，当前部分党员干部出现不担当不作为问题的主要原因在于激励与约束处于失衡状态，具体来说就是在强化严格约束措施的同时，正向激励机制和措施没有及时跟上，出现了“重约束轻激励”的倾向。同时，我们还必须警惕只强调正向激励而放松严格约束的观点，防止出现乱作为甚至腐败问题。换句话说，要充分激发党员干部干事创业的精气神，必须在坚持从严约束的同时加强激励厚爱，既要体现全面从严治党的力度、从严约束的强度，又要彰显组织关怀的温度、激励厚爱的热度；既要把严管约束体现在日常、促进党员干部健康成长，又要把激励厚爱贯穿始终、最大限度地激发党员干部担当作为；既要完善政绩考核机制、用好正向激励解决干部想干事问题，又要建立容错纠错机制、严格落实“三个区分开来”[①]解决干部敢干事问题。

① 2016 年 1 月 18 日，习近平总书记在省部级主要领导干部学习贯彻党的十八届五中全会精神专题研讨班开班式上首次提出“三个区分开来”，即要把干部在推进改革中因缺乏经验、先行先试出现的失误和错误，同明知故犯的违纪违法行为区分开来；把上级尚无明确限制的探索性试验中的失误和错误，同上级明令禁止后依然我行我素的违纪违法行为区分开来；把为推动发展的无意过失，同为谋取私利的违纪违法行为区分开来，保护那些作风正派又敢作敢为、锐意进取的干部，最大限度调动广大干部的积极性、主动性、创造性，激励他们更好带领群众干事创业，确保如期全面建成小康社会，不断开创社会主义现代化建设新局面。

二、中国共产党解决“激励与约束”关系的探索历程

如何实现有效激励与严格约束的动态平衡是我们管党治党需要解决的重要问题。回顾建党百年来我们党解决“激励与约束”难题的探索历程，总结解决这个难题的基本经验，对于科学把握干部队伍建设的规律、建设高素质干部队伍、深入推进新时代党的建设新的伟大工程具有非常重要的理论和现实意义。

（一）新民主主义革命时期

在革命战争年代，党的中心任务是取得革命的最终胜利。为完成这一任务，我们党从一开始就非常清醒地认识到调动党员干部工作积极性的重要性，并对如何做好党员干部激励与约束工作进行很多有益的探索。但由于当时党所处的环境很不稳定，所以整体上看党的干部工作还处于萌芽探索阶段。

在激励党员干部方面，我们党采取的措施主要有：一是科学制定选人用人标准。在同历次“左”倾、右倾错误，特别是王明“左”倾教条主义错误进行斗争的过程中，我们党确立了“党管干部”的原则和“任人唯贤”的干部路线，形成了“才德兼备”的干部标准，探索出了“由上而下与由下而上相结合考察干部”的方法，极大地调动和激发了广大党员干部的革命热情。二是认真开展教育训练活动。通过成立工

人学校、开办农民运动讲习所、创建各级党校等方式，加强对党员干部的集中教育和在职教育。同时，党也非常注重培养本地干部和少数民族干部，积极推进干部交流与调剂，号召党员干部努力学习经济工作和党的理论，大批训练新干部，从组织上保证了新民主主义革命的全国性胜利。三是逐步规范干部奖励制度。比如，1943 年 4 月颁布的《陕甘宁边区各级政府干部奖惩暂行条例草案》，对干部的奖励对象、奖励标准、奖励办法等都作出了明确规定。党的七大通过的党章对奖励也作了专门规定，强调要对出色地完成党的任务、取得人民群众真诚拥护的党员及党的组织给予奖励。

在约束党员干部方面，我们党采取的措施主要有：一是制定了相关制度。比如，党的一大通过的《中国共产党第一个纲领》、党的二大通过的《中国共产党章程》，都对党的纪律进行了明确规定；为监督党员干部，中共中央在 1924 年 11 月建立了报告制度；1934 年，在中央苏区建立了审计监督制度；党的六大制定了巡视制度和党内组织报告制度；等等。二是成立了专门机构。比如，党的五大选举产生了党的历史上第一个中央纪律检查监督机构——中央监察委员会；党的六大进一步强化了党的监察工作，选举产生了中央审查委员会。三是提出并严格执行“三大纪律八项注意”。在革命战争年代，抓军纪就是抓党纪。正是在“三大纪律八项注意”的深刻影响和持续教育下，树立了人民军队和共产党的良好形象，赢得了人民群众的衷心拥护。

（二）社会主义革命和建设时期

随着党的执政地位的确立和工作重心的转移，如何调动广大党员干部积极参与社会主义建设成为干部工作面临的一个重大问题。在这个时期，我们党逐步建立了对干部的激励、制约和监督制度，并在解决领导干部能进能退、能升能降方面进行了积极探索。但从整体上看，这个时期，对党员干部的激励与约束是不对称的，呈现出“重约束轻激励”的特征。具体来说，在约束方面，表现为重视道德约束，制度约束乏力。经过革命战争的洗礼，大部分党员干部都具有坚定的理想信念和甘于奉献精神，这些崇高的信仰和精神在约束党员干部行为方面发挥了非常重要的作用。由于种种历史原因，新中国成立后党和国家政治生活民主化、法制化的进程比较缓慢，党和国家的制度建设严重不足，导致对党员干部的制度约束乏力。尤其是在“文化大革命”时期，党内民主生活遭到了严重破坏，党员干部工作的积极性受到严重影响。在激励方面，表现为重视精神激励，物质激励不足。这个时期，我们党非常注重发挥精神激励的作用，强调要通过塑造和宣传正面典型人物，比如焦裕禄、王进喜、雷锋等，来激发和调动党员干部工作的积极性，在一定程度上忽视了党员干部的个人利益，特别是物质利益。

为什么这个时期会呈现出“重约束轻激励”的特点呢？实际上，这是由当时复杂的国内外形势所决定的。从国际形势看，新中国的成立虽然得到了苏联、东欧以及亚洲人民民主国家和一些西欧国家的承认与支持，但同时，以美国为首的帝国主义国家对新中国仍采取不承认和敌视的态度，并实行封锁和威胁。为巩固新生的人民政权，我们党必须继续加强纪律建设，用铁的纪律来约束党员干部的思想和行动，以保障党的意志和行动的统一。从国内形势看，一方面，新中国成立时我们党已发展成为拥有 450 万名党员、具有广泛群众性的大党，党在人民群众中的威望是很高的，党的一言一行对全国人民的影响也是很大的。另一方面，在革命胜利后，一些投机分子看到入党有利可图，挖空心思钻进党内，一定程度上造成党组织的不纯。另外，在进入繁华城市、执掌全国政权的历史条件下，党内不思进取的情绪、居功自傲的情绪、贪图享乐的情绪已在一些方面表现出来。为保持党的先进性和纯洁性、不断加强对党员干部的监督和约束，我们党迅速地建立了全国系统的党的纪律检查委员会，制定了《中央纪律检查委员会工作细则》，及时开展了整风整党运动，推进党的纪律建设取得了新成效。

（三）改革开放和社会主义现代化建设新时期

党的十一届三中全会胜利召开后，我们党重新确立了马克思主义的组织路线，逐步形成了以实行干部队伍“四化”方针和老干部离退休制度为标志的干部选拔与更新机制，建立了党政领导干部年度工作考核制度，积极推进干部人事制度改革，进一步激发和调动党员干部工作的积极性、主动性、创造性。从整体看，这个时期，对党员干部的激励与约束也是不平衡、不对称的，呈现出“重激励轻约束”的特征。具体来说，在激励方面，表现为重视政绩激励和精神激励。随着改革开放的深入推进，政绩表现成为评价党员干部的重要依据。“我们现在就是要选人民公认是坚持改革开放路线并有政绩的人，大胆地将他们放进新的领导机构里，要使人民感到我们真心诚意要搞改革开放。”[①] 正所谓“政绩出干部”，政绩激励成为调动党员干部工作积极性的重要方式。此外，我们党还通过认真开展以“讲学习、讲政治、讲正气”为主要内容的党性党风教育、以实践“三个代表”重要思想为主要内容的保持共产党员先进性教育活动、深入学习实践科学发展观活动等，不断提高党员干部的党性修养和能力素质，调动其参与社会主义现代化建设的积极性。在约束方面，集中表现为外部约束疲软，消极腐败频发。改革开放以来，党坚持依法治国，不断推进社会主义法治建设。但同时，由于对党员干部的要求失之于宽、失之于软，导致有法不依、执法不严、司法不公、违法不究等问题长期存在，腐败问题日益凸显。

为什么这个时期对党员干部的激励与约束会呈现出“重激励轻约束”的特征呢？在改革开放前，我国实行的是高度集中统一的计划经济体制。诚然，这一体制曾在特定历史条件下对我国经济建设发挥过积极作用。但随着经济社会的不断发展，其弊端也日益凸显，集中体现在严重地损害了生产者的积极性，在很大程度上阻碍和束缚了生产力的发展。随着改革开放的不断深入，我们党对市场经济的认识不断深化，明确提出“计划和市场都是经济手段”“社会主义的根本任务是解放和发

① 《邓小平文选》第三卷，人民出版社 1993 年版，第 300 页。

展生产力”，并在实践探索中逐步建立和完善社会主义市场经济体制，极大调动了亿万人民的积极性，推动经济社会走上了科学发展的道路。在社会主义市场经济体制的影响下，为改变“赏罚不明”“干与不干一个样”等党员干部队伍中存在的突出问题，我们党逐步建立了党政领导干部年度工作考核制度和国家公务员制度，并与时俱进地不断健全促进科学发展的干部考核评价机制，进一步调动了党员干部投身社会主义现代化建设的积极性。但在具体实施过程中，有些地方在考核评价实绩时只看到经济指标，崇尚以 GDP 论英雄，导致一些党员干部急功近利，甚至搞虚假政绩。

（四）中国特色社会主义新时代

党的十八大以来，以习近平同志为核心的党中央在深刻洞察党面临的国内外形势和总结历史经验的基础上，把全面从严治党纳入“四个全面”战略布局，把培养忠诚干净担当的高素质干部作为贯彻落实新时代党的组织路线的关键举措，坚持激励和约束并重，有效调动了广大党员干部为党和人民努力奋斗的积极性。从整体看，这个时期，对党员干部的激励与约束突出地表现为重视制度在激励与约束方面的重要作用，主张既要强激励又要硬约束，着力实现激励与约束的动态平衡。

一方面，强化正向激励，建立健全崇尚实干、带动担当、加油鼓劲的正向激励体系。主要做了四件事：一是坚持统筹谋划，多措并举，制定出台了《关于进一步激励广大干部新时代新担当新作为的意见》，为新时代激励干部担当作为提供了根本遵循。二是认真落实“三个区分开来”的重要要求，宽容干部在工作中特别是改革创新中的失误、错误，建立激励机制和容错纠错机制，旗帜鲜明地为敢于担当者撑腰鼓劲。三是推行职务职级并行制度，进一步拓宽了公务员特别是基层公务员的职业发展空间，实现对公务员的持续激励。四是建立了党和国家功勋荣誉表彰制度，不断加大表彰激励力度，逐步形成了人人崇尚英雄、人人学习英雄、人人争做英雄的浓厚氛围。

另一方面，强化制度约束，建立健全管思想、管工作、管作风、管纪律的从严管理体系。主要做了四件事：一是加强对干部的日常管理，修订印发了《关于新形势下党内政治生活的若干准则》《中国共产党廉洁自律准则》《中国共产党纪律处分条例》等党内法规，认真落实经常性谈心谈话制度，加大对干部提醒、函询、诫勉力度，把干部置于党组织的有效管理之中。二是加强对“关键少数”的重点监督，严格执行中央八项规定及其实施细则精神，修订印发了《领导干部报告个人有关事项规定》《领导干部个人有关事项报告查核结果处理办法》《领导干部干预司法活动、插手具体案件处理的记录、通报和责任追究规定》等法规，出台了强化领导干部审计方面的规定，并对领导干部配偶、子女及其配偶经商办企业行为进行了有效规范，进一步扎紧制度的笼子。三是加强对选人用人上的不正之风、干部人事档案造假、“裸官”等突出问题进行专项整治，持之以恒正风肃纪，深入推进反腐败斗争，营造风清气正的良好政治生态。四是坚持思想从严、执纪从严、治吏从严、作风从严、反腐从严，认真落实管党治党责任，把严的要求贯彻到管党治党全过程、落实到党的建设各方面。[①]

历史是最好的教科书，也是最好的清醒剂。从理论上看，实现激励与约束的动态平衡是党员干部管理的最理想状态。但通过回顾党在不同历史时期解决“激励与约束”难题的探索历程我们可以发现，实现激励与约束的动态平衡是一个过程，不会一蹴而就，也不会一劳永逸，需要不断进行调整。在具体实践中对党员干部的激励与约束大多处于一种不平衡的状态，这种不平衡的状态往往会诱发很多问题，影响党员干部的积极性、主动性、创造性。因此，我们必须坚持系统观念，依据世情、国情、党情的变化及时地做出调整，推动党员干部的激励与约束朝着动态平衡的方向发展。

三、新时代解决“激励与约束”关系的实践路径

党的十八大以来，面对波谲云诡的国际形势、艰难繁重的改革发展稳定任务、严峻复杂的党内形势，以习近平同志为核心的党中央坚持问题导向，统筹兼顾、综合施策，持续优化激励机制与约束机制，极大地提高了党员干部的积极性、主动性、创造性，团结带领中国人民取得了新时代中

① 参见本书编写组：《中国共产党干部工作史纲（1921—2021）》，党建读物出版社 2021 年版，第 393 —411 页。

国特色社会主义伟大成就，为实现中华民族伟大复兴凝聚了磅礴力量。但在充分肯定成绩的同时，还必须清醒认识到，党员干部的激励与约束是一项非常复杂的系统工程，涉及思想、物质、能力、法治、监督等多个方面，任何一项短板都可能诱发激励与约束的失衡。新时代新征程上，我们必须更加自觉地坚持和运用系统观念，更加突出严管和厚爱结合、激励和约束并重，着力在思想教育、物质保障、能力提升、制度保障、监督效能等方面同时发力，进而实现激励与约束的动态平衡。

（一）加强思想教育，涵养廉洁文化

思想是行动的先导，理论是实践的指南。为实现党员干部激励与约束的动态平衡，首先需要解决的就是党员干部的思想问题。一方面，要用习近平新时代中国特色社会主义思想凝心铸魂，解决好世界观、人生观、价值观这个“总开关”问题；另一方面，要强化党员干部的规矩意识和廉洁意识，守牢廉洁自律的底线。

强化理论武装，夯实思想根基。当前，多元思想文化相互激荡，冲击着主流的价值观念。物质利益诱惑席卷而来，冲击着干部的自律防线。在物质和精神的双重冲击下，一些党员干部失去了信仰、丢掉了理想，出现了缺乏担当精神、“为官不为”甚至违法犯罪等现象。究其根本，就在于“总开关”失灵。理想信念是共产党人精神上的“钙”。“理想信念的坚定，来自思想理论的坚定。”[①] 因此，坚定理想信念必须不断

① 《习近平谈治国理政》第二卷，外文出版社 2017 年版，第 50 页。

加强理论武装。在新时代加强党的思想理论建设，最根本的就是学懂弄通做实习近平新时代中国特色社会主义思想，做到学、思、用贯通，知、信、行统一。需要特别注意的是，理想信念不是与生俱来的，也不是一成不变的，坚定理想信念不是一阵子而是一辈子的事。“坚定的理想信念，必须建立在对马克思主义的深刻理解之上，建立在对历史规律的深刻把握之上。”[①] 我们要始终坚持用马克思主义及其中国化创新理论武装头脑、指导实践、推动工作，努力掌握和运用好贯穿其中的立场观点方法，自觉增强做好本职工作的积极性和主动性，夯实不忘初心、牢记使命的思想根基，不断提升目标价值认同的激励效果。

涵养廉洁文化，强化自我约束。清正廉洁是我国传统道德的一个基本规范，被视为“仕者之德”。习近平总书记历来倡导领导干部要积极借鉴我国历史上的优秀廉政文化，不断提高拒腐防变和抵御风险的能力。2022 年 2 月，中共中央办公厅印发了《关于加强新时代廉洁文化建设的意见》，把加强廉洁文化建设作为一体推进不敢腐、不能腐、不想腐的基础性工程作出部署，强调领导干部要带头涵养廉洁文化，自觉做到廉洁从政、廉洁用权、廉洁修身、廉洁齐家。廉洁文化具有价值导向、行为约束和环境净化的基本功能。加强新时代廉洁文化建设必须在以下三个方面着力：一是夯实清正廉洁的思想根基，促使党员干部认同廉洁从政的价值理念，构筑起预防腐败的道德防线；二是培养廉洁自律

① 《习近平谈治国理政》第二卷，外文出版社 2017 年版，第 35 页。

的道德操守，促使党员干部把廉洁理念外化为从政实践，不断增强廉洁从政、廉洁用权、廉洁修身、廉洁齐家的行动自觉；三是发挥廉洁教育的基础作用，促使党员干部以身作则、以上率下，弘扬崇廉拒腐的社会风尚，营造良好的政治生态。

（二）坚持实绩导向，完善考核评价

对于党员干部来说，选好人、用对人，是最直接、最有效的激励。新时代要旗帜鲜明地树立重实干重实绩的用人导向，不断完善干部考核评价体系，充分发挥干部考核评价的激励鞭策作用。

坚持正确用人导向，激励党员干部担当作为。习近平总书记指出：“用一贤人则群贤毕至，见贤思齐就蔚然成风。选什么人就是风向标，就有什么样的干部作风，乃至就有什么样的党风。”[①] 因此，要旗帜鲜明地树立正确的用人导向，让敢担当、善作为的干部有舞台、受褒奖。具体来说，一要坚持“信念坚定、为民服务、勤政务实、敢于担当、清正廉洁”的好干部标准，突出信念过硬、政治过硬、责任过硬、能力过硬、作风过硬，大力选拔敢负责、勇担当、善作为、实绩优的干部。二要突出实绩导向，依据功绩和市场化原则动态调整党员干部的工资待遇，不断健全党员干部待遇激励保障制度体系，使其能够过上有尊严的生活。同时，还要坚持有为才有位，坚决破除论资排辈、平衡照顾、求

① 《习近平谈治国理政》第一卷，外文出版社 2018 年版，第 418 页。

全责备等观念，把干部干了什么事、干了多少事、干的事群众认可不认可作为选拔晋升的根本依据。三要坚持能者上、优者奖、庸者下、劣者汰的正确导向，认真落实《推进领导干部能上能下规定》等党内法规，敢于向不担当、不作为、慢作为、假作为的现象开刀问责，切实解决干部不担当、不作为、乱作为等问题。

完善考核评价体系，发挥绩效考核约束作用。科学有效的考核评价是干部选拔、调整、激励、约束的重要手段。在百年奋斗历程中，我们党逐渐形成了定性和定量相结合的党员干部考核方式，极大地调动了党员干部的积极性，但同时还存在考核评价体系不完善、考核结果运用不足等问题。为更好发挥干部考核评价的激励鞭策作用，我们应坚持问题导向，在“考什么”“如何考”“结果怎么用”上下实功夫。

一要树立正确的政绩观，在考核中突出科学发展导向，根据各地实际情况进一步完善政绩考核评价指标，实行差异化考核。

二要突出“准”“常”，改进考核方式，考出干部精气神。改进年度考核要突出“准”字，要对考核内容做到精准无误；推进平时考核要突出“常”字，要综合运用普遍谈、深入访、现场看、重点核、综合评五种手段全方位、多角度、立体式考核干部。

三要用好考核指挥棒，把考核结果与干部奖惩结合起来，不断增强考核的权威性和导向性，切实解决干与不干、干多干少、干好干坏一个样的问题。①

① 参见马丽主编:《新时代如何激励干部担当有为》，广东人民出版社 2019 年版，第 59—80 页。

（三）突出精准实效，练就过硬本领

实现党员干部激励与约束的动态平衡，必须注重加强对党员干部的能力培训和实践锻炼，着力增强党员干部适应新时代发展要求的本领能力。

突出精准实效，建立“菜单式”培训制度。当前，一些党员干部不作为，除了有的是因为动力不强“不想为”外，还有很多是因为能力不足“不会为”，存在本领恐慌的问题。克服能力不足和本领恐慌，一方面，要坚持把思想教育放在首位，以理论教育和党性教育统领干部教育培训内容；另一方面，要注重改进教育培训的方式方法，建立“菜单式”培训制度。具体来说，一是要突出教育培训的精准度。紧紧围绕新时代、新目标、新部署对专业化提出的新要求，按照“抓什么训什么、管什么学什么、缺什么补什么”的原则，有针对性地帮助党员干部弥补知识弱项、能力短板、经验盲区，全面提高党员干部“善为”“会为”的能力。二是要突出教育培训的实效性。坚持分类轮训与重点培训相结合，分类分级，精准设定培训班次。坚持传统教学与在线教学相结合，因人而异，精准设定培训方式。坚持学与讲相结合，邀请实践经验丰富、实绩突出的领导干部上讲台授课，精准答疑解惑。

加强实践锻炼，在基层一线练就过硬本领。在实践中锻炼干部，是我们党培育干部的根本途径。习近平总书记非常重视实践，强调“实践是理论之源”“要坚持在干中学、学中干”“注重在基层一线和困难艰苦地区培养锻炼干部”，为干部成长成才指明了具体方向。那么，在新时代，党员干部应该练好哪些“基本功”呢？中共中央办公厅印发的《关于进一步激励广大干部新时代新担当新作为的意见》对此作出了明确规定，广大干部要“全面提高学习本领、政治领导本领、改革创新本领、科学发展本领、依法执政本领、群众工作本领、狠抓落实本领、驾驭风险本领”①。2023 年 3 月 1 日，在中央党校建校 90 周年庆祝大会暨 2023 年春季学期开学典礼上，习近平总书记再次强调：“履行好党和人民赋予的新时代职责使命，领导干部必须全面增强各方面本领，努力成为本职工作的行家里手。”②也就是说，只有全面增强各方面本领，在实践锻炼中练就担当作为的硬脊梁、铁肩膀、真本事，才能在有效应对各种风险挑战中冲锋在前、建功立业。

（四）树牢程序意识，强化制度执行

俗话说，没有规矩，不成方圆。规矩和制度是维持党员干部激励与约束动态平衡的法制保障。党员干部要强化责任担当，树牢程序意识，强化制度执行，加强制度执行监督，压实制度执行责任。

树牢程序意识，增强程序约束。程序意识是纪律规矩意识的基本体现，是每个党员干部必须遵循的基本准则。当前，大部分党员干部都

① 《中办印发〈关于进一步激励广大干部新时代新担当新作为的意见〉》，《人民日报》2018 年 5 月 21 日。
② 习近平：《在中央党校建校 90 周年庆祝大会暨 2023 年春季学期开学典礼上的讲话》，《求是》2023 年第 7 期。

非常清楚强化程序意识的重要性，能够自觉做到讲规矩、遵章守制。但是，仍有少部分人缺乏“规矩意识”，总不愿按程序办事。究其原因主要有三个：一是迷信人情关系，认为老熟人不用按程序办，以个人感情替代规矩；二是浮躁心理影响，解决问题时怕麻烦、图省事，视程序而不见、置程序于不顾；三是私心杂念作怪，有选择地看待程序，对自己有利的就要求严格按照程序办，对自己不利的就想绕过程序走捷径。[①]在我们看来，党员干部自觉树牢程序意识，严格按程序办事，不仅有利于工作的开展，而且可以减少很多不必要的麻烦。科学合理的程序既是一种约束，又是一种保障。它既可以有效制约权力行使的随意性，又可形成对守规矩党员干部的有效保护。新时代，党员干部要自觉增强程序意识，严格依规依纪依法行使权力，加强对工作程序的设计与监督，不断增强工作程序的约束力。

强化制度执行，发挥制度功效。制度的生命力在于执行。然而，在现实生活中，我们会发现制度执行不严的情况时有发生，甚至一些制度只是摆设。有的人千方百计钻制度空子、打擦边球，有的人极力逃避制度的约束和监管，等等。原因何在？习近平同志曾在《莫把制度当“稻草人”摆设》一文中深刻地指出：“现在执行制度难，主要原因是一些干部当‘老好人’，不愿得罪人，你好我好大家好，不讲原则讲人情，不讲党性讲关系，甚至批评也变成了变相的表扬。”[②]他强调要在制度执行

① 参见郭顺才：《自觉增强程序意识》，《人民日报》2018 年 4 月 9 日。
② 习近平：《之江新语》，浙江人民出版社 2007 年版，第 71 页。

上下功夫，坚持制度面前人人平等，坚决维护制度的严肃性和权威性，不断加强对制度执行的监督，严格落实制度执行责任，使制度真正成为硬约束而不是“橡皮筋”，发挥好制度对党员干部的激励鞭策作用。

（五）完善监督体系，健全容错纠错机制

对党员干部实施有效的监督和建立健全容错纠错机制，可以为实现党员干部激励与约束的动态平衡提供监督保障。

完善监督体系，在贯通融合中持续提升监督效能。权力是需要监督的，没有监督的权力就必然会异化，绝对权力导致绝对腐败。党的十八大以来，我们开展了史无前例的反腐败斗争，消除了党、国家、军队内部的严重隐患，反腐败斗争取得压倒性胜利，但形势依然严峻复杂。必须清醒地认识到，铲除腐败滋生土壤任务依然艰巨，反腐败斗争必须永远吹冲锋号。一要坚持目标导向，进一步构建党统一领导、全面覆盖、权威高效的监督体系，以党内监督为主导，推动各类监督有机贯通、相互协调。尤其是要进一步加大对社会监督的改革力度，不断完善群众监督、舆论监督、互联网监督等监督形式，增强监督合力和实效，提升监督的质量和效能。[①] 二要坚持问题导向，进一步深化监察体制改革，重点抓好纪委监委合署办公后的人员融合和工作协调，发挥好纪委监委在党和国家监督体系中的作用，着力破解“一把手”监督和同级监督难题，

① 《习近平关于坚持和完善党和国家监督体系论述摘编》，中央文献出版社、中国方正出版社 2022 年版，第 45—62 页。

把权力关进制度的笼子里。

健全容错纠错机制，为敢于担当的干部撑腰鼓劲。“三个区分开来”，是容错纠错机制的核心内容。正确把握好和运用好“三个区分开来”，需要明确以下三点：一要准确把握“为公”与“为私”、工作失误与违纪违法的政策界限，搞清楚哪些情景该容、哪些情景不该容，该容的大胆容错、不该容的坚决不容，防止混淆问题性质；二要明确合理容错的具体情形、认定程序、结果运用和纪律要求，旗帜鲜明地褒奖和鼓励敢担当、善作为的党员干部，坚决整治怕担当、乱作为的党员干部；三要认真落实“能上能下、容错纠错、鼓励激励”三位一体的干部管理制度，做到严格管理与热情关怀相结合，不断激发广大党员干部干事创业的积极性、主动性、创造性。此外，还要敢于为党员干部说公道话，严肃查处诬告陷害行为，及时为受到不实反映的干部澄清正名、消除顾虑，营造风清气正的政治生态，激励更多的党员干部勇挑重担、奋发有为。

第五章

正确处理利益与道义的关系

在百年历程中，中国共产党始终坚持把群众利益放在第一位，同群众同甘共苦，始终保持队伍的先进性和纯洁性，始终保持理想的坚定性和道义的崇高性。

一、中国共产党的道义：人民至上

中国共产党占据道义的制高点，其根本原因在于具有彻底的人民性。对于中国共产党人而言，“人民”二字重如千钧。党的二十大报告指出，把握好新时代中国特色社会主义思想的世界观和方法论，坚持好、运用好贯穿其中的立场观点方法，必须坚持人民至上。[①]

坚持人民至上，一是体现在中国共产党的宗旨上。马克思主义政党旗帜鲜明地站在人民立场上，旨在实现全人类的自由与解放。它高度肯定人的尊严和人的价值，坚持以人为本，反对资本或权力逻辑，坚持社会本位，争取社会的自由与公正。中国共产党继承了马克思主义以人为本的理念，确立了为人民服务的宗旨。中国共产党人的初心和使命就是

① 参见习近平：《高举中国特色社会主义伟大旗帜　为全面建设社会主义现代化国家而团结奋斗——在中国共产党第二十次全国代表大会上的报告》，人民出版社 2022 年版，第 18—19 页。

为中国人民谋幸福，为中华民族谋复兴。坚持全心全意为人民服务是中国共产党的根本宗旨，也是中国共产党人工作的基本导向。中国共产党没有任何个人或小团体的私利，始终为了人民的解放、为了群众的幸福而工作，努力回应人民对美好生活的向往，积极进行社会整合，寻求社会公众利益的最大公约数，代表着中国最广大人民的根本利益。党在任何时候都把群众利益放在第一位，同群众同甘共苦，保持最密切的联系，坚持权为民所用、情为民所系、利为民所谋，不允许任何党员脱离群众，凌驾于群众之上。这是马克思主义的基本要求，也是其人民性的鲜明体现。

二是体现在中国共产党的态度上。中国共产党始终坚持尊重人民、敬畏人民、信仰人民。中国共产党不是超越于群众之上的特殊存在，不是救世主，而只是群众的引领者和组织者，是群众伟力的挖掘者，是历史和人民实现其目的的工具。毛泽东指出："我们共产党人区别于其他任何政党的又一个显著的标志，就是和最广大的人民群众取得最密切的联系。全心全意地为人民服务，一刻也不脱离群众；一切从人民的利益出发，而不是从个人或小集团的利益出发；向人民负责和向党的领导机关负责的一致性；这些就是我们的出发点。"① 邓小平也强调："工人阶级的政党不是把人民群众当作自己的工具，而是自觉地认定自己是人民群众在特定的历史时期为完成特定的历史任务的一种工具。"② 这就是对人

① 《毛泽东选集》第三卷，人民出版社 1991 年版，第 1094—1095 页。
② 《邓小平文选》第一卷，人民出版社 1994 年版，第 218 页。

民伟力的肯定，对群众力量的信仰，体现了中国共产党人的基本态度和价值立场，生动展现了马克思主义的人民性。

三是体现在党的工作方法上。中国共产党在工作中注重密切联系群众，一切为了群众，一切依靠群众，从群众中来，到群众中去，形成了党的群众路线。这是中国共产党人重要的工作方法。自成立以来，中国共产党在群众工作中就反对军阀主义、命令主义以及尾巴主义，强调要通过政治动员、思想宣传来组织群众、凝聚群众，通过努力为群众做实事、办好事赢得群众的信任与支持，密切联系群众。毛泽东指出："我们应该走到群众中间去，向群众学习，把他们的经验综合起来，成为更好的有条理的道理和办法，然后再告诉群众（宣传），并号召群众实行起来，解决群众的问题，使群众得到解放和幸福。"[①] 这种工作思路与方式是中国共产党的卓越之处，也充分展现了中国共产党在理论与实践上的人民性特征。

中国特色社会主义进入新时代，以习近平同志为核心的党中央进一步坚持了马克思主义的人民立场，并提出以人民为中心的发展思想，开辟了马克思主义的新境界。

一是强调尊重人民、敬畏人民。习近平总书记指出："始终同人民在一起，为人民利益而奋斗，是马克思主义政党同其他政党的根本区别。"[②] 他强调，"党与人民风雨同舟、生死与共，始终保持血肉联系，是

① 《毛泽东选集》第三卷，人民出版社 1991 年版，第 933 页。
② 习近平：《在纪念马克思诞辰 200 周年大会上的讲话》，人民出版社 2018 年版，第 23 页。

党战胜一切困难和风险的根本保证”[①]。他多次强调民心是最大的政治，人心向背决定着党的生死存亡，中国共产党要永远与人民在一起。他提出，“赶考”永远在路上。在这场考试中，时代是出卷人，中国共产党是答卷人，而人民是阅卷人。所以，我们要信仰人民、敬畏人民、为了人民、依靠人民。在“不忘初心、牢记使命”主题教育中，习近平总书记强调：“守初心，就是要牢记全心全意为人民服务的根本宗旨，以坚定的理想信念坚守初心，牢记人民对美好生活的向往就是我们的奋斗目标；以真挚的人民情怀滋养初心，时刻不忘我们党来自人民、根植人民，人民群众的支持和拥护是我们胜利前进的不竭力量源泉；以牢固的公仆意识践行初心，永远铭记人民是共产党人的衣食父母，共产党人是人民的勤务员，永远不能脱离群众、轻视群众、漠视群众疾苦。”[②]党的十八大后，党中央最先开展的教育活动就是党的群众路线教育实践活动，这也说明习近平总书记对这一问题的高度重视。

二是强调群众路线，突出群众主体地位。习近平总书记指出：“群众路线是我们党的生命线和根本工作路线，是我们党永葆青春活力和战斗力的重要传家宝。不论过去、现在和将来，我们都要坚持一切为了群众，一切依靠群众，从群众中来，到群众中去，把党的正确主张变为群众的自觉行动，把群众路线贯彻到治国理政全部活动之中。”[③]他强调，

① 习近平：《在庆祝中国共产党成立95周年大会上的讲话》，人民出版社2016年版，第18页。
② 习近平：《在“不忘初心、牢记使命”主题教育工作会议上的讲话》，人民出版社2019年版，第6—7页。
③ 《十八大以来重要文献选编》（上），中央文献出版社2014年版，第697页。

要实现好、维护好、发展好最广大人民根本利益，把人民拥护不拥护、赞成不赞成、高兴不高兴、答应不答应作为衡量一切工作得失的根本标准，把实现好、维护好、发展好最广大人民根本利益作为推进改革的出发点和落脚点，让发展成果更多更公平惠及全体人民。

三是强调人民当家作主和人的全面发展。习近平总书记指出，国家一切权力属于人民。[①] 发展社会主义民主政治就是要体现人民意志、保障人民权益、激发人民创造活力，用制度体系保证人民当家作主。各级领导干部要增强民主意识，发扬民主作风，接受人民监督，当好人民公仆，在各项工作中贯彻落实以人民为中心的发展思想，全面回应人民对美好生活的向往，切实推动人的全面发展，促进全体人民共同富裕。

站在道义制高点的中国共产党具有科学的理论指导、坚定的理想信念、严明的组织纪律、高强的组织动员能力和强烈的自我革命精神，这是中国共产党的独特优势，是中国共产党鲜明的政治品格，也是百年大党之所以能够朝气蓬勃的关键所在。

二、百年大党面临的考验：利益难题

当前，党面临着执政、改革开放、市场经济、外部环境“四大考验”，存在着精神懈怠、能力不足、脱离群众、消极腐败“四种危险”。这些考验和危险是长期存在的。

① 参见《习近平谈治国理政》第一卷，外文出版社 2018 年版，第 139 页。

如在长期执政背景下，由于党掌握着大量的政治、经济与社会资源，一些人开始带着各种功利的目的混入组织之中，而部分基层党组织对这些人缺乏准确的辨析，导致党内出现政治不纯、思想不纯、组织不纯、作风不纯等问题。一些党员虽然完成了组织上入党的手续，但思想上入党的问题始终没有真正解决。个别党员干部虽然入党动机比较纯正，但一旦走上领导岗位，尝到了权力的滋味，也可能会出现思想蜕化的问题。部分党员由于缺乏血与火的革命考验，缺乏相应的斗争经验，导致精神麻痹，缺乏危机意识和底线思维，政治上不敏感。

在党内还存在着好人主义，少数党员干部遇到损害党的行为与言论时不敢斗争、不会斗争，对于不合格党员往往不能动真格处理。在党内政治生活上，存在着庸俗化、娱乐化、随意化的情况，对党员的教育管理缺乏针对性和实效性，出现一定程度的形式主义。部分党员领导干部习惯于执政思维，重做官轻做事，重命令轻引导，容易出现官僚主义、出现脱离群众等问题。

权力天然具有腐蚀性，能令掌握它的人滋生欲望、迷失本性。即便有笼子的震慑，也按捺不住蠢蠢欲动的心，总想挑战一下制度的权威，抱有“或许没事”的侥幸。一旦真正尝到权力的滋味后，确实会有一些人被权力所腐蚀，迷恋权力、享受安乐、精神懈怠，出现贪污腐化。

改革开放深刻改变了中国社会的组织结构，单位制的社会管理体制逐步解体，社会重新呈现出原子化、碎片化等现象。从中国共产党党内治理的角度而言，原来建立在单位制基础上的有力有效的组织管理模式越来越力不从心，其最突出的表现就是随着非公有制经济组织和新社会组织的快速发展，出现了不少党的组织和工作覆盖空白点，出现了越来越庞大的流动党员群体。一些流动党员在新兴社会领域中长期不参与组织活动，逐步成为“口袋”党员或失联党员，这无论是对党组织还是党员个人，都是极大的损失。在贯彻“以经济建设为中心”的基本路线时，部分领导干部出现了重经济而轻政治、重业务而轻党建的偏差，导致党不管党、治党不严，造成了部分基层党组织的软弱涣散。在体制改革中，一些领域的党组织出现了淡化、弱化、虚化、边缘化等现象，党组织和党员的战斗力、影响力在一定时间内存在下降的趋势。

市场经济也可能导致少数党员干部滋生个人主义、自由主义、拜金主义等思想问题。造成部分党员干部只追求个人利益的最大化，一些党员干部“两耳不闻窗外事，一心一意只挣钱”，个别领导干部将市场经济的交易原则搬入党内，通过权力谋取个人不当利益，进行权钱交易、权权交易或权色交易，出现了贪污腐败。“一心挣钱”淡化了某些党员的党员意识，党员的先锋模范作用难以发挥，导致党员质量良莠不齐。

外部环境也给党员和党组织带来了较大影响。随着改革开放的不断推进，国外的各种思潮和组织力量纷纷进入中国，加剧了中国社会认识的多元化，也为党的意识形态工作、组织工作、群众工作带来了极大挑战。马克思列宁主义在一些领域出现失语、失声等现象，封建迷信抬头，这些都为党的领导和党的建设工作增加了难度。

这些考验是长期的、复杂的。我们党内也存在着精神懈怠、能力不足、脱离群众、消极腐败等危险。这些危险也是严峻的和尖锐的，尤其是腐败问题，是对百年大党长期执政的重要考验。

中国共产党的性质与腐败水火不容。我们党作为马克思主义政党，作为代表中国最广大人民的根本利益的政党，绝对不能有任何自己特殊的利益。这要求广大党员干部要做到清正廉洁。当前，我们的党员干部整体上是好的，绝大多数党员干部都能够践行为人民服务的宗旨，做到为民务实清廉。但也存在个别党员干部在市场经济中难以抵制各种诱惑，走向贪污腐败。尤其是在党的十八大之前一段时间，由于种种原因，管党治党出现宽松软等现象，在我们的党员队伍中出现不少问题，如理想信念不坚定、纪律松弛、脱离群众、独断专行、弄虚作假、慵懒无为，个人主义、分散主义、自由主义、好人主义、宗派主义、山头主义、拜金主义不同程度存在，形式主义、官僚主义、享乐主义和奢靡之风问题突出，任人唯亲、跑官要官、买官卖官、拉票贿选现象屡禁不止，滥用权力、贪污受贿、腐化堕落、违法乱纪等现象滋生蔓延。这严重影响到我们党的形象，影响到党心民心，影响到我们党长期执政的根基。党的十八大以来，以习近平同志为核心的党中央作出全面从严治党重要战略部署，以惩治腐败为重点，坚持“老虎”“苍蝇”一起打，以前所未有的决心和勇气、前所未有的力度形成反腐败的高压态势，反腐败斗争取得压倒性胜利并全面巩固。

反腐败斗争永远在路上。党的十八大以来，党中央对腐败现象坚持无禁区、全覆盖、零容忍，重拳出击、整治到底、震慑到位。但仍有一些党员干部不收敛、不收手，顶风作案，利用手中所掌握的公权力来谋求个人私利，有的骄奢腐化、目无法纪，违反党的纪律和中央八项规定精神问题屡禁不止。个别党员干部心存侥幸，搞迂回战术，卖官帽、批土地、抢项目、收红包，变着花样收钱敛财。有的欺瞒组织、对抗组织，藏匿赃款赃物，与相关人员订立“攻守同盟”，企图逃避党纪国法的惩处。少数党员干部在享乐主义和奢靡之风上没有收手，贪图享受、骄奢淫逸。有的领导干部不仅在前台大搞权钱交易、贪污腐败，还纵容家属在幕后收钱敛财，子女等也利用父母影响经商谋利，大发不义之财。

基层党员干部经常与群众打交道，老百姓对其中的腐败分子深为痛恨。基层干部普遍都很辛苦，党员干部队伍主流是好的，但在一些地方、、一些领域，基层干部不正之风和腐败问题还易发多发、量大面广。有的搞雁过拔毛，挖空心思虚报冒领、克扣甚至侵占惠农资金；有的在救济、补助上搞优亲厚友、吃拿卡要；有的高高在上，漠视群众疾苦，形式主义、官僚主义严重。相比于“远在天边”的“老虎”，群众对发生在身边的“微腐败”感受更为真切，这些“微腐败”会不断啃食老百姓对我们党的信任，成为“大祸害”。

共产党的干部是人民的公仆，这是对干部的本质要求，事实上，只有当干部正确履行职责时，才能够保持公仆的本色。干部应当有廉洁从政思想和为人民服务的宗旨意识，但把廉洁政治建立在干部高尚觉悟的基础上是靠不住的，监督、制约制度的缺位和松弛是很危险的。腐败分子不是天生的，许多人还曾经是不错的干部。可是在缺少制约监督的条件下，经不起权力的腐蚀和利益的诱惑，开始是“常在河边走，就是不湿鞋”，后来是“常在河边走，哪能不湿鞋”，继而是“既然湿了鞋，何不洗洗脚”，发展到“既然洗了脚，何不洗洗澡”，最终落入深渊，这是许多腐败分子堕落的轨迹。

党内的贪腐分子影响了党的良好形象，破坏了党群关系，也动摇着党的执政根基。我们党从来不代表任何利益集团、任何权势团体、任何特权阶层的利益，这是党立于不败之地的根本所在。在这方面，苏联共产党为我们提供了反面典型。苏联共产党在成立之初，也能够坚持为了最广大劳动人民的利益而奋斗，创造了很多丰功伟绩。但到 20 世纪中后期，党内出现了越来越庞大的既得利益集团，出现了越来越严重的贪污腐化现象，特权思想和特权现象愈演愈烈，逐步丧失了党心民心，以至于在苏联共产党垮台前的一次社会调查中，85% 以上的苏联人民都认为苏联共产党代表的是那些特权者的利益。1991 年苏联共产党的垮台归根结底还是这个党在自身建设方面出现了严重问题，没能经受住长期执政的考验，最终被历史所淘汰。

作为百年大党，持续推进党的自我革命，坚决破除特权思想和特权现象，破解道义与利益难题是我们必须认真应对的重要问题。

三、破解利益与道义难题

习近平总书记指出："应该看到，在长期执政条件下，各种弱化党的先进性、损害党的纯洁性的因素无时不有，各种违背初心和使命、动摇党的根基的危险无处不在，如果不严加防范、及时整治，久而久之，必将积重难返，小问题就会变成大问题、小管涌就会沦为大塌方，甚至可能酿成全局性、颠覆性的灾难。"① 破解百年大党独有难题，需要在习近平新时代中国特色社会主义思想的指导下，坚持推进新时代党的建设新的伟大工程，贯彻落实新时代党的建设总要求，集体发力，久久为功。

（一）坚定理想信念

理想信念高于天。凭着坚定的理想信念，广大有识之士在革命年代抛家舍业甚至冒着生命危险加入中国共产党的队伍，并最终赢得革命的胜利；凭着坚定的理想信念，一代又一代的中国共产党人以"为有牺牲多壮志，敢教日月换新天"的奋斗精神取得了社会主义建设的巨大成就；凭着坚定的理想信念，新时期的共产党员排除各种干扰，在改革开放的大潮中扬帆远航，并且正在向着全面建设社会主义现代化国家的目标挺进。

中国特色社会主义进入新时代，以习近平同志为核心的党中央将理想信念置于更加重要的位置。党的十八大报告指出："对马克思主义的

① 《习近平谈治国理政》第三卷，外文出版社 2020 年版，第 531 页。

信仰，对社会主义和共产主义的信念，是共产党人的政治灵魂，是共产党人经受住任何考验的精神支柱。”[①] 这既是对历史经验的总结，更是对管党治党方向的明确。在庆祝中国共产党成立 95 周年大会上，习近平总书记提出“不忘初心、继续前进”的号召。他强调，革命理想高于天，坚持不忘初心、继续前进，就要牢记我们党从成立起就把为共产主义、社会主义而奋斗确定为自己的纲领，坚定共产主义远大理想和中国特色社会主义共同理想，不断把为崇高理想奋斗的伟大实践推向前进。[②] 在进行具有许多新的历史特点的伟大斗争的关键节点，党中央反复强调理想信念，既印证了中国共产党理想信念的一致性和坚定性，又说明了新形势对广大党员加强理想信念教育的紧迫性。

对一个政党而言，理想信念动摇是最危险的动摇，理想信念滑坡是最危险的滑坡。一个政党的衰落，往往从理想信念的丧失或缺失开始。从思想建设上说，我们党是否坚强有力，既要看全党在理想信念上是否坚定不移，更要看每一位党员在理想信念上是否坚定不移。对于一个拥有 9800 多万名党员的大党而言，永葆建党之初的理想和活力并非易事。我们党成为执政党之后，特别是改革开放以来，有部分党员是怀着各种私心加入党组织的。一些人成为党员之后，思想上入党的问题还未真正得到解决。还有个别党员虽然曾经有比较坚定的理想信念，但在级别和地位升高之后，经受不住各种诱惑，出现了理想信念滑坡的情况。这些现象非常值

① 《十八大以来重要文献选编》(上)，中央文献出版社 2014 年版，第 39 页。
② 参见《习近平谈治国理政》第二卷，外文出版社 2017 年版，第 34 页。

得警惕。

中国共产党的最高理想和最终目标是实现共产主义。信仰共产主义，是共产党区别于其他政党的显著特征，也是共产党之所以叫作共产党的根本所在。实现共产主义，为中国人民谋幸福，为中华民族谋复兴，为世界谋大同，是一代代中国共产党人前进的根本动力，是所有共产党人的精神支柱。当前，部分党员对共产主义、社会主义的意识形态缺乏兴趣、缺乏了解，对马克思主义的基本理论缺乏了解，这直接影响了党员的政治立场，因此，必须保持理论上的清醒和信仰上的坚定。

党的十八大以来，以习近平同志为核心的党中央以高度的时代担当精神，直面问题，作出全面从严治党的重要战略部署，推出一系列强有力的管党治党措施。在党的十八届六中全会上，党中央颁布了《关于新形势下党内政治生活的若干准则》，再次强调要高度重视党的思想政治建设，并把坚定理想信念作为开展党内政治生活的首要任务，要求广大党员把对马克思主义的信仰、对社会主义和共产主义的信念作为毕生追求，在改造客观世界的同时不断改造主观世界，解决好世界观、人生观、价值观这个“总开关”问题，不断增强政治定力，自觉成为共产主义远大理想和中国特色社会主义共同理想的坚定信仰者和忠实践行者。

理想信念坚定，是好干部第一位的标准，也是合格共产党员的重要标志。在革命战争年代，检验党员干部理想信念是否坚定，主要看他是否能够为党和人民的事业舍生忘死，是否能够冲锋号一响立即冲上前去。这种检验很直接。在和平建设时期，检验党员干部是否具有坚定的理想信念，主要看是否能在重大政治考验面前有较强的政治定力，是否能够树立牢固的宗旨意识，是否能够对工作认真负责，是否能够做到吃苦在前、享受在后，是否能够在急难险重任务面前勇挑重担，是否能够经受住权力、金钱、美色等诱惑。这种检验是长期的、复杂的，需要广大党员干部用一辈子来实践。

坚定理想信念，必须加强学习。理论上的清醒是政治上坚定的前提。广大党员干部要认真学习马克思主义基本理论，通过深入学习领会习近平新时代中国特色社会主义思想等内容真正掌握马克思主义的世界观、价值观和方法论，了解马克思、恩格斯所建立的科学社会主义的内涵，深化对人类社会发展规律、社会主义建设规律和共产党执政规律的认知，坚定对共产主义和社会主义的信仰、信念和信心。这是中国共产党成立的思想根基和发展的力量之源，需要广大党员干部抓好理论武装、增强党性修养。

坚定理想信念，要严肃党内政治生活。特别是在坚决做到“两个维护”、严明党的政治纪律、严格党的组织生活制度、开展批评和自我批评等方面，各级党组织要通过认真落实“三会一课”等基本的组织生活制度提升党内学习教育效果，坚决杜绝形式主义。各级党组织要坚持问题导向，聚焦社会热点问题，引导党员干部用马克思主义立场、观点、方法观察问题、分析问题、解决问题。目前各种社会思潮激烈碰撞，质疑甚至否定马克思主义的声音此起彼伏，历史虚无主义、自由主义、封建主义等错误思想对党员干部的影响不容小觑。在这种环境下，我们要旗帜鲜明地讲政治，以更大的气力加强思想建党的工作力度，通过不断增强党内政治生活的政治性、时代性、原则性和战斗性，帮助党员干部站稳政治立场，分清是非界限，坚决抵制错误思想侵蚀，做政治上的明白人。

（二）处理好党性要求与人的正当需要的关系

人性本身是一个相对复杂的概念。人是自然界的一种生物，具有根深蒂固的动物性；同时，人类组成社会，又具有明显的社会性。人性就植根于动物性和社会性之中。动物性决定了人性中首先要求生存和安全，要满足各种生理需求。恩格斯说：“人来源于动物界这一事实已经决定人永远不能完全摆脱兽性，所以问题永远只能在于摆脱得多些或少些，在于兽性或人性的程度上的差异。”① 其中，恩格斯所谓的“兽性”也就是我们所说的人性中的动物性。同时，人性还包括社会性。马克思在《关于费尔巴哈的提纲》中指出：“人的本质不是单个人所固有的抽象物，在其现实性上，它是一切社会关系的总和。”② 人作为类存在物，作为社会中的一员，不能仅仅满足于个人的生理需求，不能不顾一切地趋利避害，而是要兼顾社会中的其他成员，尊重社会的传统习俗与各种禁忌，这是人作为社会存在的基本共识，也是人社会化的过程。在这一过程中，人类社会形成了善恶伦理，至善的境界就成了人们心中的

① 《马克思恩格斯选集》第三卷，人民出版社 2012 年版，第 478 页。
② 《马克思恩格斯选集》第一卷，人民出版社 2012 年版，第 135 页。

神性。人性往往就介于兽性与神性之间，人性的进化是个人和社会文明程度的体现。

一般而言，人具有趋利避害的本能，天生地会优先考虑个人的生命、安全、自由以及其他利益。在此基础上，人会对自己的亲人，如父母、子女、配偶、亲戚、朋友有更多的照顾，再向外延展，人会对同类具有恻隐之心、同情之心。这些构成了人类伦理的可能。一个人越能超越个体的范围，进而满足更多人的利益需求，就越具有人性的光辉。党性正是这种人性光辉的特殊表现形式，是人作为政党一员所体现的政党的本质属性要求，是作为具有政治属性、政治追求的人性的体现。

中国共产党是中国工人阶级的先锋队，同时是中国人民和中华民族的先锋队，其党员的党性就体现在坚定不移地代表和维护中国工人阶级以及中国最广大人民的利益，公而忘私，能够作出个人的奉献与牺牲。

在革命战争年代，这种党性主要体现在彻底的革命精神和革命实践上。无数仁人志士能够心甘情愿抛头颅、洒热血，能够告别自己的父母妻儿投身于人民解放的事业，能够为了共产主义的理想舍弃一切，这就是党性的生动体现。在和平建设时期，这种党性也同样体现在中国共产党人为了伟大的事业，为了民族复兴的梦想，为了让广大人民过上更美好的生活，而舍小我、舍小家，无私奉献、播撒大爱上。无论在什么情况下，中国共产党党性的出发点和最终落脚点都在为人民服务上，其核心价值观就是“人民利益至上”。为人民服务是中国共产党的宗旨，为中国人民谋幸福、为中华民族谋复兴是中国共产党的初心和使命，这不是一句简单的口号，而是需要广大共产党员做出切切实实的奉献与牺牲，张扬其社会性，这就是大公无私、先公后私。

当然，我们讲党性，不能理想化，不能完全脱离现实的人的需求而空谈党性。不尊重事实、不尊重人的现实需要的政策不可能长期有吸引力。我们讲党性，首先要尊重人性，其次要引导人性，最后促成人性的升华。

对于党组织而言，要充分尊重个人的实际需求，尊重党员的合理正当的利益诉求，只有这样，才能对党员产生更强有力的吸引力和影响力。这就要求我们在教育党员、管理党员、服务党员、监督党员过程中更加尊重科学管理规律，注重把握党性原则和市场经济原则之间的平衡。既要保证共产党员能够积极主动地发挥先锋模范作用，又要防止总是老实人吃亏，使党员流血又流泪。要保证党员不在市场经济中随波逐流、唯利是图，而是能够做到先公后私、公私分明。

（三）处理好公与私、义与利的关系

2013 年 9 月，习近平总书记在参加河北省委常委班子专题民主生活会时指出："衡量党性强弱的根本尺子是公、私二字。"① 作为党的干部，就是要全心全意为人民服务，就是要诚心诚意为党和人民事业奋斗，就是要大公无私、公私分明、先公后私、公而忘私。作为共产党员，作为党的干部，只有一心为公，事事出于公心，才能有正确的是非观、义利

① 《习近平关于全面从严治党论述摘编》，中央文献出版社 2016 年版，第 155 页。

观、权力观、事业观，才能把群众装在心里，才能坦荡做人、谨慎用权，才能光明正大、堂堂正正。

我们党的初心和使命是为中国人民谋幸福、为中华民族谋复兴。在党的历史上，无数优秀党员用自己的鲜血和忠诚践行了党的初心和使命，也为我们展现了公私之间、义利之间取舍的典范。

如自带干粮去办公的刘启耀。他 1899 年出生于江西省兴国县一个村庄，1928 年加入中国共产党，1930 年后担任乡苏维埃政府主席、中共江西省委常委、江西省苏维埃政府主席等职务。“为官不贪、清正廉洁、克己奉公、顾全大局”，是他一生品格的真实写照。1934 年初，党中央号召节约粮食支持反“围剿”战争。刘启耀带头响应，自带粮食去办公。他回到家乡从家里面拿粮食，家人埋怨他，认为当了中国共产党的大干部，却连粮食都赚不到，真没用。刘启耀耐心向家人解释，中国共产党的官是为穷人谋解放的，不是为自己谋利益的。受到他的感染，家人开始自觉支持他，主动将家里的粮食送到他办公的地方。

1934 年 10 月，红军开始长征，刘启耀被留在苏区打游击。在一次血战突围中，刘启耀身负重伤，不省人事。敌人在清理战场时误把刘启耀的一名牺牲了的战友当成他，在报纸上大肆宣传“击毙了江西省苏维埃主席刘启耀”。原来，这名战友为了保护刘启耀，引开敌人，拿了刘启耀的驳壳枪和证件，最终在战斗中牺牲，而真正的刘启耀由于昏迷被敌人认为是死尸忽略了。

刘启耀醒来后，不顾伤痛找到战斗前埋藏在山洞乱石中的褡裢。那个褡裢里面装的都是金条、银圆和首饰，是党的经费。刘启耀虽然处于孤立无援的状态，与游击队失去联系，但他带着这笔巨款坚持不懈去寻找革命队伍。一路上他扮为乞丐，一边乞讨度日一边打听党组织的消息，饿了就去百姓家里讨饭，渴了就找溪流喝水，无论多么艰苦，他都没有打过身上所携带金条的主意。谁也不会想到，这个衣着褴褛、形容憔悴、满脸胡须、披头散发的叫花佬，竟会是著名的江西省苏维埃政府主席刘启耀。

在乞讨过程中，刘启耀不放弃斗争，并开始重新组建党组织，先后组建了遂川、万安、泰和、吉安等中共地下县委以及中共江西临时省委。抗日战争中，共产党与国民党第二次合作。我们党在吉安设置了新四军办事处，刘启耀把自己保管的这笔巨款以及清单正式交给了办事处的负责人员，交给了新四军。后来由于斗争形势急剧恶化，刘启耀再度同党组织失去联系。1946 年，刘启耀因患肺病无钱医治，贫病交加，客死他乡，时年 47 岁，死时仍旧穿着他那件破烂的长衫和补丁连补丁的单裤。刘启耀作为腰缠万贯的讨米人的形象谱写了中国共产党的传奇，也为我们党立下了一座丰碑，生动诠释了共产党人在义与利之间的取舍，展现了共产党员党性的光辉。

这样的例子不胜枚举。再如“中国航天之父”钱学森，他出生于 1911 年，1934 年交通大学毕业后赴美国留学，先后获得航空工程硕士学位和航空、数学博士学位。1938 年 7 月至 1955 年 8 月，钱学森在美国从事空气动力学、固体力学和火箭、导弹等领域的研究，并与导师共同完成高速空气动力学问题研究课题，在28岁时就成为世界知名的空气动力学家。1949年，当中华人民共和国成立的消息传到美国时，钱学森与广大海外同胞一样，心情万分激动，急切地期待能早日回去报效祖国。虽然美国有优越的生活条件、优厚的薪资待遇，有优良的科研条件，但这些抵挡不了钱学森报效国家的赤子之心。

然而，钱学森的回国之旅并不顺利。美国当局为防止技术人才外流，为钱学森等人的回国设置了重重障碍，甚至曾把钱学森关押拘禁。即使被保释后，钱学森也仍然没有人身自由，时刻处于美国联邦调查局和移民局的监视跟踪之中。直到1955年，通过中国政府与美国当局的交涉，钱学森一家才如愿以偿回到祖国的怀抱。

回到祖国后，钱学森内心渴望加入中国共产党，并终于在1959年成为一名正式党员。根据钱学森的回忆，他一生中有过三次最激动的时刻，其中两次都与党有关系。一次是在新中国成立10周年的时候，被接纳为中国共产党党员，他说自己激动得睡不着觉。另一次是在1989年当他得知自己与雷锋、焦裕禄、王进喜、史来贺等人一起被评为“解放40年来在群众中享有崇高威望的共产党员的优秀代表”时，他心情十分激动，认为自己与劳动人民中最先进的分子连在一起了。

其实，钱学森自回国后，就始终与党和人民的需要、与社会主义事业的发展紧密联系在一起。1956年，钱学森被任命为中国科学院力学研究所所长。随后，他所做的第一件事就是调整学科方向。虽然自己原本是研究力学理论的，但祖国需要研究火箭、导弹，他毅然放弃自己的研究专业，投身于国防科技事业。钱学森在 1956 年向党中央、国务院提交了《建立我国国防航空工业的意见书》，开始组建中国第一个火箭、导弹研究所——国防部第五研究院，并担任首任院长。他一生成果累累，先后主持完成了“喷气和火箭技术的建立”规划，参与了近程导弹、中近程导弹和中国第一颗人造地球卫星的研制，直接领导了用中近程导弹运载原子弹“两弹结合”试验，参与制定了中国近程导弹运载原子弹“两弹结合”试验，参与制定了中国第一个星际航空的发展规划，发展建立了工程控制论和系统学等。在钱学森等人的努力下，1964 年 10 月 16 日中国第一颗原子弹爆炸成功，1967 年 6 月 17 日中国第一颗氢弹空爆试验成功。

为了确保我国第一颗人造地球卫星发射成功，钱学森做了大量具体工作。在研发过程中，他提出了一条有别于其他国家的思路，即要同时保证卫星能上去、能回来，还能占领同步轨道。这个思路看似简单，但在当时十分具有挑战性。作这个决策，除了需要具有物质和技术基础外，还需要极大的勇气和担当精神。经过艰苦卓绝的努力，我国第一颗人造地球卫星“东方红一号”终于在 1970 年成功发射。这是在我国科技发展史上具有里程碑意义的事件。其中，钱学森所承受的压力和作出的奉献是巨大的。在卫星发射前半个小时，一个直径 8 毫米的弹簧垫圈从 20 多米的二级火箭上掉了下来，钱学森作为发射任务的总指挥，立即命令有关人员上去检查。经判定，该垫圈为多余物后，钱学森才终于放心。

钱学森曾说过："我姓钱，但我并不爱钱。"这句玩笑似的话语确实是他的真实写照。钱学森回国后，并没有养尊处优，而是一直过着普通市民的生活。他曾在1959年、1961年分别获得数额很大的稿费，但全部捐献出去了。凡是钱学森与他人合写文章所得的稿费，他也总是把自己的稿酬让给合作者。

钱学森不仅不贪图钱财，而且淡泊名利。在国防部第五研究院，钱学森先当院长，自1963年开始改任副院长，主要是因为他想更有利于工作，再三主动要求由正转副。后来，钱学森曾担任国防科委副主任、第七机械工业部副部长等一连串的副职。他从不参加剪彩仪式、鉴定会、开幕庆典等活动，也不为人题词、写序，而是始终将科研工作放在首位。

钱学森的一生是为国家富强、民族振兴、人民幸福而不懈奋斗的一生，是全心全意为人民服务的一生。他始终保持着对国家、对人民的深厚感情，保持着对共产主义的坚定信念，自觉把个人志向与国家的需要紧紧联系在一起，堪称中国当代爱国知识分子的杰出典范。他曾经说过，自己作为一名中国的科技工作者，活着的目的就是为人民服务，人民如果对自己的工作满意，就是对自己最高的奖赏。这种对党和国家的忠诚、对科技事业的执着、对人民的情怀，为所有共产党员立下了永远的丰碑，是共产党人的楷模。

2008年初，钱学森荣获"感动中国2007年度人物"。感动中国组委会授予钱学森的颁奖词是："在他心里，国为重，家为轻，科学最重，名利最轻。五年归国路，十年两弹成。开创祖国航天，他是先行人，披荆斩棘，把智慧锻造成阶梯，留给后来的攀登者。他是知识的宝藏，是科学的旗帜，是中华民族知识分子的典范。”这个评价实至名归。从钱学森身上，我们能强烈感受到以钱学森为代表的杰出共产党人的家国情怀，感受到共产党人的义利观。

对于中国共产党党员而言，不同于普通群众的地方，一是党员应具有共产主义政治觉悟，对马克思主义、社会主义和共产主义应具有高度的认同感，这是一个共产党员的基本条件。共产党员要牢固树立共产主义远大理想和中国特色社会主义共同理想，要自觉做共产主义远大理想和中国特色社会主义共同理想的坚定信仰者和忠实实践者。

二是党员应具有更为严格的纪律约束，在遵守国家法律的同时还要遵守党的纪律和规矩。中国共产党是具有严密的组织体系和严明的纪律约束的政治组织，广大党员干部通过遵守一致的组织纪律保证了党强大的战斗力和生命力。对于一个大党、强党而言，党内治理一靠教育，二靠制度，要使全体党员都牢固树立党的意识，尊崇党章的权威，遵守党内规章制度，从政治纪律、组织纪律、廉洁纪律、群众纪律、工作纪律、生活纪律各方面严格要求自己，展现共产党员的形象与风采。

三是党员应在各个领域更好地发挥示范和表率作用。党员的先进性不能仅仅体现在思想觉悟上，更要体现在实际行动上，体现在日常工作和生活中。作为先锋队中的一员，每个党员在各行各业都应该走在前列、作出表率，能够积极地推动事业发展，能够积极地示范引领群众。

共产党员在为党工作的同时，还要密切联系群众、服务群众，善于做群众工作，使更多的群众团结在党中央的周围，通过自己的力量厚植党长期执政的群众根基。

（四）坚持以人民为中心的发展思想

坚持以人民为中心，既是理论命题，又是基本方略；既是政治立场，又是根本要求。我们要将其落实到党的执政实践中，落实到党的各项决策部署和实际工作之中，自始至终做到坚持以人民为中心。

第一，把人民对美好生活的向往作为奋斗目标。坚持以人民为中心，要求我们把人民对美好生活的向往作为奋斗目标。当前我国社会主要矛盾已经转化为人民日益增长的美好生活需要和不平衡不充分的发展之间的矛盾，这就要求我们更加关注人民群众美好生活需要的多样性、广泛性和高质量特征，更加关注经济发展与社会进步的整体协调，更加关注经济社会的平衡发展、充分发展，始终把人民放在心中最高位置，顺应民心、尊重民意、关注民情、致力民生，让改革发展成果更多更公平惠及全体人民，朝着实现全体人民共同富裕的目标不断迈进。

第二，把人民利益作为最高利益。要正确处理好义利关系，树立共产党人的义利观，始终坚持党和人民利益高于一切，个人利益服从党和人民利益，除了法律和政策规定的个人利益和工作职权以外，所有共产党员都不得谋求任何私利和特权。要保障人民群众各项权利不受侵犯、得到落实，对于与民争利、侵犯人民群众生命财产安全和利益的行为，要坚决查处、严惩不贷。党员、干部特别是领导干部要清醒认识到，自己手中的权力、所处的岗位，是党和人民赋予的，是为党和人民做事用的，只能用来为民谋利。

第三，把人民群众作为最可信赖的依靠力量。坚持以人民为中心，就是要坚持人民主体地位，进一步凝聚人民创造历史的奋发精神和磅礴力量，紧紧依靠人民创造历史伟业。要广泛动员群众、组织群众、凝聚群众，始终与人民心心相印、与人民同甘共苦、与人民团结奋斗。

第四，把保持血肉联系作为党最重要的生命力。坚持以人民为中心，就要始终坚持走党的群众路线，始终保持党同人民群众的血肉联系，自觉践行党的根本宗旨，把群众观点、群众路线根植于思想深处。党的最大政治优势是密切联系群众，党执政后最大的危险是脱离群众。广大党员干部要认真践行党的群众路线，通过努力为群众办实事、做好事，赢得群众的认可和支持。践行党的群众路线，不是政治作秀，不能浮于表面，而要坚持以人民为中心的发展思想，以最广大人民的根本利益为最高标准，形成眼光向下的思维习惯和制度导向，为群众路线丰富新的内涵、探索新的机制、注入新的动能。要大力弘扬优良作风，坚持不懈反对和克服形式主义、官僚主义，对脱离群众的危险保持高度警惕，对脱离群众、损害群众利益的行为坚决严肃处理，从而赢得人民群众的信任和拥护。

第五，把人民满意作为检验工作的根本标准。坚持以人民为中心，就是要把人民满意作为检验各项工作成效的根本标准，特别是制定涉及民生利益的重大决策部署，要坚持符合人民意愿，紧紧围绕人民群众所思所盼来进行，多站在人民群众的立场上考虑问题，看看是否符合人民需要。要保障人民的话语权、评判权，依照人民的需求展开工作，使党的事业始终体现人民意愿，经得起实践、人民和历史的检验。

（五）强化纪律约束，坚持高压反腐

党的二十大报告指出："腐败是危害党的生命力和战斗力的最大毒瘤，反腐败是最彻底的自我革命。只要存在腐败问题产生的土壤和条件，反腐败斗争就一刻不能停，必须永远吹冲锋号。"①

习近平总书记在二十届中央纪委二次全会上也强调，反腐败斗争形势依然严峻复杂，遏制增量、清除存量的任务依然艰巨。必须深化标本兼治、系统治理，一体推进不敢腐、不能腐、不想腐。要在不敢腐上持续加压，始终保持零容忍震慑不变、高压惩治力量常在，坚决惩治不收敛不收手、胆大妄为者，坚决查处政治问题和经济问题交织的腐败，坚决防止领导干部成为利益集团和权势团体的代言人、代理人，坚决防止政商勾连、资本向政治领域渗透等破坏政治生态和经济发展环境的行为。要对比较突出的行业性、系统性、地域性腐败问题进行专项整治。要在不能腐上深化拓展，前移反腐关口，深化源头治理，加强重点领域监督机制改革和制度建设，健全防治腐败滋生蔓延的体制机制。要在不

① 习近平：《高举中国特色社会主义伟大旗帜　为全面建设社会主义现代化国家而团结奋斗——在中国共产党第二十次全国代表大会上的报告》，人民出版社 2022 年版，第 69 页。

想腐上巩固提升，更加注重正本清源、固本培元，加强新时代廉洁文化建设，涵养求真务实、团结奋斗的时代新风。要把不敢腐、不能腐、不想腐有效贯通起来，三者同时发力、同向发力、综合发力，把不敢腐的震慑力、不能腐的约束力、不想腐的感召力结合起来。进一步健全完善惩治行贿的法律法规，完善对行贿人的联合惩戒机制。严厉打击那些所谓“有背景”的“政治骗子”。[①]

这些重要论述为破解百年大党的道义与利益难题指明了方向，我们要认真贯彻落实习近平新时代中国特色社会主义思想，通过党的自我革命引领伟大社会革命。

我们要持续推进新时代党的建设新的伟大工程，坚持以党的政治建设为统领，全面推进党的政治建设、思想建设、组织建设、作风建设、纪律建设，把制度建设贯穿其中，深入推进反腐败斗争。要坚持思想建党与制度治党相结合，坚持抓“关键少数”与管绝大多数相结合，坚持把问题导向与目标导向相结合，通过党的自我净化、自我完善、自我革新、自我提高保持党的先进性和纯洁性。尤其要建立健全全面从严治党制度体系，把权力关进制度的笼子里，坚决查处政治问题和经济问题交织的腐败，坚决防止领导干部成为利益集团和权势团体的代言人、代理人，坚决治理政商勾连破坏政治生态和经济发展环境等问题，决不姑息。

① 参见《习近平在二十届中央纪委二次全会上发表重要讲话强调　一刻不停推进全面从严治党　保障党的二十大决策部署贯彻落实》，《人民日报》2023 年 1 月 10 日。

要深化整治权力集中、资金密集、资源富集领域的腐败，坚决惩治群众身边的“蝇贪”，严肃查处领导干部配偶、子女及其配偶等亲属和身边工作人员利用影响力谋私贪腐问题，坚持受贿行贿一起查，惩治新型腐败和隐性腐败。要进一步加强新时代廉洁文化建设，教育引导广大党员、干部增强不想腐的自觉，清清白白做人、干干净净做事，使严厉惩治、规范权力、教育引导紧密结合、协调联动，不断取得更多制度性成果和更大治理效能。只有这样，才能真正破解道义与利益难题，确保党的长期执政和国家的长治久安，以中国式现代化全面推进中华民族伟大复兴。

第六章

正确处理变革与因循的关系

从1921年到2022年，从党的一大到党的二十大，从石库门到天安门，从兴业路到复兴路，中国共产党走过了100多年的历程。百年大党历经风霜雨雪，从100多年前只有50多名党员到如今拥有9800多万名党员、领导着14亿多人口大国的世界上最大的马克思主义执政党，中国共产党无比自豪地走在时代前列。

中国共产党这100多年是用生命、鲜血、汗水、泪水、勇气、智慧、力量写就的100多年，是筚路蓝缕、披荆斩棘、艰苦创业、砥砺前行、充满艰险、充满神奇的100多年，是苦难中铸就辉煌、挫折后毅然奋起、探索中收获成功、失误后拨乱反正、转折中开创新局、奋斗后赢得未来的100多年。

一路风雨兼程，一路披荆斩棘。这100多年来，我们党创造了举世罕见的经济快速发展奇迹和社会长期稳定奇迹。同时，我们党经历了一个又一个挫折磨难，也克服了一个又一个艰难险阻。正如习近平总书记所说："中华民族历史上经历过很多磨难，但从来没有被压垮过，而是愈挫愈勇，不断在磨难中成长、从磨难中奋起。"①

① 《十九大以来重要文献选编》（中），中央文献出版社2021年版，第445页。

2022 年 10 月 16 日，习近平总书记在党的二十大上向全党提出要求，“全党必须牢记，全面从严治党永远在路上，党的自我革命永远在路上”，要“坚定不移全面从严治党，深入推进新时代党的建设新的伟大工程”。[①]

我们党这 100 多年来，遇到了一个又一个难题，但我们党始终保持解决大党独有难题的清醒和坚定，以自我革命的巨大勇气和坚忍不拔的惊人毅力，解决了一个又一个难题，比如变革与因循难题。我们党正是在革命、建设、改革的伟大实践中，成功地解决了变革与因循难题，才找到了正确的革命道路、改革开放和社会主义现代化建设道路。

一、中国革命道路的变革与因循

中华民族是世界上伟大的民族，有着 5000 多年源远流长的文明历史，为人类文明进步作出了不可磨灭的贡献。1840 年鸦片战争以后，中国逐步成为半殖民地半封建社会，国家蒙辱、人民蒙难、文明蒙尘，中华民族遭受了前所未有的劫难。从那时起，实现中华民族伟大复兴，就成为中国人民和中华民族最伟大的梦想。

十月革命一声炮响，给中国送来了马克思列宁主义。在中国人民和中华民族的伟大觉醒中，在马克思列宁主义同中国工人运动的紧密结合

① 习近平：《高举中国特色社会主义伟大旗帜 为全面建设社会主义现代化国家而团结奋斗——在中国共产党第二十次全国代表大会上的报告》，人民出版社 2022 年版，第 63、64 页。

中，中国共产党应运而生。毛泽东说："中国产生了共产党，这是开天辟地的大事变。""从此以后，中国改换了方向。"[①] 深刻改变了近代以后中华民族发展的方向和进程，深刻改变了中国人民和中华民族的前途和命运，深刻改变了世界发展的趋势和格局。

与以往中国其他政党和政治组织不同的是，中国共产党一经成立就把实现共产主义作为最高理想和最终目标，确立起为中国人民谋幸福、为中华民族谋复兴的初心和使命。

轰轰烈烈的大革命失败后，在国民党政权统治下，中国社会的半殖民地半封建性质没有改变。白色恐怖笼罩着全国城乡。中国革命转入低潮。中国共产党遇到了前所未有的困难。

敢不敢坚持革命？怎样坚持革命？这是中国共产党人和革命群众必须回答的两个根本性的问题。在严峻的考验面前，中国共产党人表现了坚定的革命立场和大无畏的英雄气概。他们并没有被吓倒、被征服、被杀绝。他们从地上爬起来，揩干净身上的血迹，掩埋好同伴的尸首，又继续投入战斗了。

但是，怎样坚持革命，即坚持革命应当走什么道路，这个问题是决定中国革命生死攸关的问题，也是我们党面临的变革与因循难题，即是因循以城市为中心的俄国十月革命道路，还是根据近代中国国情走出一条与十月革命不同的道路。为了解决这个难题，以毛泽东同志为主要代

① 《毛泽东选集》第四卷，人民出版社 1991 年版，第 1514 页。

表的中国共产党人开始了长时间的艰难探索。

对中国革命道路的探索，在当时的条件下，必须进行武装斗争。因为武装斗争是中国革命的特点和优点之一。与资本主义国家不同，在半殖民地半封建的旧中国，无产阶级和广大人民群众无议会民主可以利用，无组织工人举行罢工的合法权利。帝国主义和封建主义总是凭借着反革命暴力对革命人民实行残暴的镇压。革命人民只有武装起来，以武装的革命反对武装的反革命。马克思主义认为，暴力革命是无产阶级革命的基本形式。毛泽东指出：“在中国，离开了武装斗争，就没有无产阶级的地位，就没有人民的地位，就没有共产党的地位，就没有革命的胜利。”①

但是，中国共产党领导的武装斗争的主攻方向究竟是应当指向城市，还是指向农村呢？这个问题，只有遵循马克思列宁主义基本原理同中国具体实际相结合的原则，依靠实践经验的积累，才能予以回答。

中国革命应该走什么样的道路，党对这一问题的认识，经过了一个逐步探索的过程。从国际共产主义运动的历史来看，无论中外，都找不到农村包围城市的经验。革命工作应当以城市为中心，这是一个时期内全党的共同认识。党成立初期，首先把工作重心放在城市，领导工人阶级，开展工人运动，这样有利于扩大党的阶级基础。当时党对于发动农民参加革命、建立农村革命根据地的重要性缺乏足够的认识。1927 年

① 《毛泽东选集》第二卷，人民出版社 1991 年版，第 610 页。

大革命失败后，中共中央继续留在上海，党的工作重心仍然放在中心城市。但是，所有以占领中心城市为目标的起义很快就失败了。这些起义失败后保留下来的部队，大都经过摸索，逐步转移到了远离国民党统治中心的农村区域，在那里发动农民群众、开展游击战争、进行土地革命和创建工农政权。特别是毛泽东在秋收起义失败后，率领队伍开赴井冈山，创建了井冈山革命根据地，把武装斗争的主攻方向首先指向农村。

在领导农村革命根据地的斗争实践中，毛泽东相继写下了《中国的红色政权为什么能够存在？》《井冈山的斗争》《星星之火，可以燎原》等文章，提出了“工农武装割据”思想，初步形成了农村包围城市的革命道路理论。红军长征到达陕北后，毛泽东深入分析了近代中国所处的时代特点和国情，论述了中国革命的长期性和不平衡性等特点，进一步丰富了农村包围城市的整体战略思想。1938 年 11 月，毛泽东在党的六届六中全会上明确指出：“共产党的任务，基本地不是经过长期合法斗争以进入起义和战争，也不是先占城市后取乡村，而是走相反的道路。”[①] 从而确立了经过长期武装斗争，先占乡村，后取城市，最后夺取全国胜利的革命道路。

在艰辛的探索实践中，中国共产党坚持把马克思列宁主义的基本原理同中国革命的具体实践结合起来，团结带领中国人民找到了一条农村包围城市、武装夺取政权的正确革命道路，进行了 28 年浴血奋战，打

① 《毛泽东选集》第二卷，人民出版社 1991 年版，第 542 页。

败日本帝国主义，推翻了国民党反动统治，完成了新民主主义革命，建立了新中国。在这个过程中，党带领人民流血牺牲，历尽千难万险。可以说，红色政权来之不易，新中国来之不易。她是红色的，是由无数革命先烈用生命和鲜血换来的。1945 年毛泽东在党的七大上指出：“我们党尝尽了艰难困苦，轰轰烈烈，英勇奋斗。从古以来，中国没有一个集团，像共产党一样，不惜牺牲一切，牺牲多少人，干这样的大事。”① 东北抗日联军领导人杨靖宇在同日寇作战最后弹尽粮绝剩下一人时，面对他人的劝降，掷地有声地说：“老乡，我们中国人都投降了，还有中国吗？”据不完全统计，从 1921 年至 1949 年，牺牲的全国有名可查的革命烈士达 370 多万人，平均每天牺牲 370 多人。他们真正用行动诠释了“为有牺牲多壮志，敢教日月换新天”的豪情与壮志。

1949 年中华人民共和国的成立，宣告中国人民从此站立起来了！中国人民真正成为国家和社会的主人，中华民族走上了实现伟大复兴的壮阔道路。毛泽东满怀信心地宣告：“中国人民将会看见，中国的命运一经操在人民自己的手里，中国就将如太阳升起在东方那样，以自己的辉煌的光焰普照大地，迅速地荡涤反动政府留下来的污泥浊水，治好战争的创伤，建设起一个崭新的强盛的名副其实的人民共和国。”②

---

① 《毛泽东文集》第三卷，人民出版社 1996 年版，第 292 页。
② 《毛泽东选集》第四卷，人民出版社 1991 年版，第 1467 页。

二、中国社会主义建设道路的变革与因循

新中国成立之初，我国面临的国际国内形势是异常艰难和复杂的，面临着许多严重的困难和一些紧迫的问题。这对于刚刚执掌全国政权的中国共产党来说，是新的严峻考验。

当时，解放全中国的任务还没有完成。国民党从大陆撤退时遗留下的100余万军队需要整编或解散，200多万政治土匪及60多万特务分子还有待肃清。在广大城乡，反动会道门和传统黑恶势力还危害着人民的生命财产安全。在广大的新解放区，还没有进行封建土地制度的改革。当时中国的经济不仅远远落后于欧美发达国家，就是与亚洲许多国家相比也有一定的差距。1949年，中国的人均国民收入只有27美元，相当于亚洲国家平均值的2/3。新中国从旧中国接收过来的是一副烂摊子。许多工厂倒闭，大批工人失业，通货膨胀，物价飞涨，人民生活遇到极大的困难。同历史上的最高水平相比，1949年，工业总产值减少一半，粮食产量减少约1/4。

以美国为首的西方国家在政治上孤立我们、在经济上封锁我们、在军事上威胁我们。1950年6月25日，朝鲜内战爆发，随后美国入侵朝鲜，同时派第七舰队侵入台湾海峡。新生的中华人民共和国遭到严重安全威胁。“打得一拳开，免得百拳来。”经过充分讨论和全面衡量，党中央和毛泽东作出了“抗美援朝，保家卫国”的战略决策。抗美援朝战争打出了新中国的国威军威，提高了中国共产党在全国人民中的威望，提

升了中国人民的民族自信心和民族自豪感，维护了亚洲和世界和平，新中国站稳了脚跟。正像邓小平后来所说的那样，新中国的成立，“中国取得了一个资格：人们不敢轻视我们”[①]。

新中国成立以后，以毛泽东同志为核心的党中央领导全国人民，提出了过渡时期的总路线，即“一化三改”。终于在 1956 年底，我国完成了社会主义改造，确立起社会主义基本制度。进行社会主义革命，确立社会主义基本制度，这是以毛泽东同志为核心的党的第一代中央领导集体，团结带领全党全国各族人民进行的伟大创造，体现了中国人民的意愿，符合中国的实际，顺应了历史发展的潮流。这场中华民族有史以来最为广泛而深刻的社会变革，为当代中国一切发展进步奠定了根本政治前提和制度基础，为开创中国特色社会主义提供了宝贵经验、理论准备、物质基础。

同时，我们党开始大规模进行社会主义建设，取得了巨大成就。1954 年 6 月，毛泽东曾这样讲：“现在我们能造什么？能造桌子椅子，能造茶碗茶壶，能种粮食，还能磨成面粉，还能造纸，但是，一辆汽车、一架飞机、一辆坦克、一辆拖拉机都不能造。”[②]在中国共产党的坚强领导下，经过全国人民自力更生、艰苦奋斗，我们很快有了中国历史上的无数个第一：生产出第一架飞机、第一辆汽车、第一台拖拉机，自行研制第一颗原子弹、氢弹先后爆炸成功，自行研制第一颗人造地球卫

① 《邓小平文选》第三卷，人民出版社 1993 年版，第 289 页。
② 《建国以来重要文献选编》第五册，中央文献出版社 1993 年版，第 292 页。

星发射成功，自行研制第一艘核潜艇顺利下水，自行设计建造第一座大桥——南京长江大桥等。经过 20 多年的奋斗，初步建立起独立的比较完整的工业体系和国民经济体系。邓小平说："如果六十年代以来中国没有原子弹、氢弹，没有发射卫星，中国就不能叫有重要影响的大国，就没有现在这样的国际地位。"[①] 在这一时期，我国还初步解决了几亿人的吃饭穿衣问题，这在当时也被公认为是创造了一个世界奇迹。

在那个激情燃烧的岁月，全党保持了良好精神状态，全社会形成了良好社会风气，进而转化为推进社会主义革命和建设的强大力量。大庆工人王进喜喊出"石油工人一声吼，地球也要抖三抖"，铁人精神给全国人民带来了难忘的印象、记忆和感动，激励和鼓舞全国人民不畏艰难、勇往直前。河南林县人民用简陋的工具，劈开太行山的重峦叠嶂，引漳河水入林县，建成"人造天河"红旗渠的事迹，就是这时全国人民奋发图强的一个缩影。

但是，在中国这样一个贫穷落后的国家，如何建设社会主义、如何巩固发展社会主义，这又是一个全新的课题。当时的中国没有经验，只能借鉴苏联的发展模式。对此，毛泽东曾说过："那时候有这样一种情况，因为我们没有经验，在经济建设方面，我们只得照抄苏联，特别是在重工业方面，几乎一切都抄苏联，自己的创造性很少。……这当然不应当是长久之计。"[②] 虽然学习苏联模式有一定的积极作用，但也暴露出

① 《邓小平文选》第三卷，人民出版社 1993 年版，第 279 页。
② 《毛泽东著作选读》下册，人民出版社 1986 年版，第 831 页。

不少问题。1956年苏共二十大是一个转折点，因为赫鲁晓夫在此次会议上作了反对斯大林的秘密报告，从而打破了斯大林所领导的苏联模式完美无缺的神话。这对中国的影响和触动很大。

在这关键时刻，中国应当走什么样的社会主义建设道路？这个问题同样是我们党面临的变革与因循难题，即是继续因循苏联模式，还是把马克思主义基本原理与中国国情相结合走自己的道路。为了解决这个难题，以毛泽东同志为核心的党的第一代中央领导集体又开始了长时间的艰苦探索。

对此，毛泽东说，对苏共二十大，问题在于我们自己从中得到什么教益。最重要的是要独立思考，把马列主义的基本原理同中国革命和建设的具体实际相结合。民主革命时期，我们吃了大亏之后才成功地实现了这种结合，取得了新民主主义革命的胜利。现在是社会主义革命和建设时期，我们要进行第二次结合，找出在中国怎样建设社会主义的道路。[①] 习近平总书记也明确指出："世界上没有放之四海而皆准的具体发展模式，也没有一成不变的发展道路。历史条件的多样性，决定了各国选择发展道路的多样性。"[②] 这一规律决定，无论哪个民族和国家，如果无视自己的民族禀赋和历史条件，而一味地模仿他人，是断然没有出路的。因此，必须明确"中国的事情必须按照中国的特点、中国的实际来办"[③]。

---

① 参见《毛泽东年谱（1949—1976）》第二卷，中央文献出版社2013年版，第557页。
② 《习近平谈治国理政》第一卷，外文出版社2018年版，第29页。
③ 《习近平谈治国理政》第二卷，外文出版社2017年版，第13页。

正是在这个背景下，1956 年 4 月，毛泽东在中央政治局扩大会议和最高国务会议上，作了《论十大关系》的报告，初步总结了我国社会主义建设的经验，明确提出要以苏为鉴，独立自主地探索适合中国情况的社会主义建设道路。他说："特别值得注意的是，最近苏联方面暴露了他们在建设社会主义过程中的一些缺点和错误，他们走过的弯路，你还想走？过去我们就是鉴于他们的经验教训，少走了一些弯路，现在当然更要引以为戒。"① 这就明确了建设社会主义必须根据本国情况走自己的道路这一根本思想。《论十大关系》标志着党探索中国社会主义建设道路的良好开端。

毛泽东后来说，1956 年 4 月的《论十大关系》，开始提出我们自己的建设路线，原则和苏联相同，但方法有所不同，有我们自己的一套内容。② 与此同时，继苏共二十大之后，欧洲又发生了波兰和匈牙利事件，在社会主义阵营内部引起不小的混乱。在那个历史环境中，如何认识和界定人民内部矛盾成为亟须解决的问题。为了解决这个问题，1957 年 2 月 27 日，毛泽东在最高国务会议第十一次（扩大）会议上发表《关于正确处理人民内部矛盾的问题》的重要讲话，讲话系统阐述了如何正确处理人民内部矛盾的理论，提出必须正确区分和处理社会主义社会两类不同性质的矛盾，把正确处理人民内部矛盾作为国家政治生活的主题。这一论断的根本着眼点，在于调动一切积极因素，团结一切可以团结的

① 《毛泽东文集》第七卷，人民出版社 1999 年版，第 23 页。
② 参见《毛泽东年谱（1949—1976）》第三卷，中央文献出版社 2013 年版，第 311 页。

力量，把全党的注意力转到社会主义建设上来。

然而不幸的是，自1957年开始，这一正确发展方向却不时受到“左”倾错误思想的干扰，特别是“文化大革命”的破坏，使我国生产力在20年间没有得到应有的发展。1987年6月，邓小平在会见南斯拉夫客人时说：“从一九五七年开始我们的主要错误是‘左’，‘文化大革命’是极左。中国社会从一九五八年到一九七八年二十年时间，实际上处于停滞和徘徊的状态，国家的经济和人民的生活没有得到多大的发展和提高。”[①]这一状况一直延续到1978年12月党的十一届三中全会，这次会议，果断结束“以阶级斗争为纲”的错误方针，作出了把党和国家的工作中心转移到经济建设上来，实行改革开放的历史性决策。

正如1982年9月邓小平在党的十二大的开幕词中所说：“我们的现代化建设，必须从中国的实际出发。无论是革命还是建设，都要注意学习和借鉴外国经验。但是，照抄照搬别国经验、别国模式，从来不能得到成功。这方面我们有过不少教训。把马克思主义的普遍真理同我国的具体实际结合起来，走自己的道路，建设有中国特色的社会主义，这就是我们总结长期历史经验得出的基本结论。”[②]

2021年7月，习近平总书记在庆祝中国共产党成立100周年大会上的讲话中指出：“走自己的路，是党的全部理论和实践立足点，更是党百年奋斗得出的历史结论。中国特色社会主义是党和人民历经千辛万

① 《邓小平文选》第三卷，人民出版社1993年版，第237页。
② 《邓小平文选》第三卷，人民出版社1993年版，第2—3页。

苦、付出巨大代价取得的根本成就，是实现中华民族伟大复兴的正确道路。”①

三、中国特色社会主义现代化建设道路的变革与因循

在一个经济文化落后的国家里，探索自己的社会主义建设道路，是一件极不容易的事情。既然是探索，就会有失误。我们党在取得探索成果的同时，也出现了失误甚至是严重失误。比如从 1958 年以后出现了“大跃进”、人民公社化运动的挫折，甚至发生了长达十年之久的“文化大革命”。

“文化大革命”结束后，在中国处于向何处去的重大历史关头，我们党再次面临着变革与因循难题。是继续因循“左”倾错误，还是对“左”倾错误进行根本性变革？为此，我们党进行了深刻反思。

1978 年 9 月，邓小平在东北考察时讲：“社会主义要表现出它的优越性，哪能像现在这样，搞了二十多年还这么穷，那要社会主义干什么？”② 同年 12 月，他在中央工作会议上发表《解放思想，实事求是，团结一致向前看》的重要讲话。他强调指出：“如果现在再不实行改革，我们的现代化事业和社会主义事业就会被葬送。”③ 这个讲话实际上成为

① 《习近平谈治国理政》第四卷，外文出版社 2022 年版，第 10 页。
② 《邓小平文选》第二卷，人民出版社 1994 年版，第 130 页。
③ 《邓小平文选》第二卷，人民出版社 1994 年版，第 150 页。

新时期解放思想、实事求是的宣言书。

邓小平以他的远见卓识、丰富的政治经验、高超的领导艺术，旗帜鲜明支持和领导开展真理标准问题的讨论，推动进行各方面的拨乱反正。1978 年 12 月召开的党的十一届三中全会，重新确立了解放思想、实事求是的思想路线，确定把全党工作的着重点转移到社会主义现代化建设上来，作出实行改革开放的重大决策，实现了党的历史上具有深远意义的伟大转折。

立时代潮头，开改革之先。以邓小平同志为核心的党的第二代中央领导集体，顺民意，挽狂澜，吹响改革开放号角，实现伟大历史转折，开辟中国特色社会主义道路，创立邓小平理论。对此，习近平总书记指出："邓小平同志留给我们的最重要的思想和政治遗产，就是他带领党和人民开创的中国特色社会主义，就是他创立的邓小平理论。"①

改革开放是新时期最鲜明的特点。邓小平明确指出："改革是中国的第二次革命。"② 中国共产党领导的第一次革命，把一个半殖民地半封建的旧中国变成了一个社会主义新中国；中国共产党领导的第二次革命，将把一个经济文化比较落后的社会主义中国变成一个现代化的社会主义国家。改革作为一次新的革命，不是也不允许否定和抛弃我们建立起来的社会主义基本制度，它是社会主义制度的自我完善和发展。改革不是一个阶级推翻另一个阶级那种原来意义上的革命，也不是原有经济

① 《习近平谈治国理政》第二卷，外文出版社 2017 年版，第 12 页。
② 《邓小平文选》第三卷，人民出版社 1993 年版，第 113 页。

体制的细枝末节的修补，而是对体制的根本性变革。它的实质和目标，是要从根本上改变束缚我国生产力发展的经济体制，建立充满生机和活力的社会主义新经济体制，同时相应地改革政治体制和其他方面的体制，以实现中国的社会主义现代化。

改革是社会主义社会发展的直接动力。社会主义社会的基本矛盾仍然是生产关系和生产力、上层建筑和经济基础之间的矛盾，正是这些矛盾推动了社会主义社会的发展。邓小平指出，“要发展生产力，经济体制改革是必由之路”[①]。他在强调坚持社会主义基本制度的同时，还指出要通过改革从根本上改变束缚生产力发展的经济体制，促进生产力的发展，从而解决了社会主义社会的发展动力问题。

改革是一项崭新的事业，是一个大试验，“要摸着石头过河”。改革中难免遇到这样那样的风险，胆子要大，步子要稳。在改革的进程中，不能因循守旧，四平八稳；不能不顾条件，急于求成。判断改革和各方面工作的是非得失，归根到底，要以是否有利于发展社会主义社会的生产力、是否有利于增强社会主义国家的综合国力、是否有利于提高人民的生活水平为标准。

为确保改革开放沿着社会主义方向，必须把坚持改革开放同坚持四项基本原则结合起来，正确处理改革开放和四项基本原则的关系。既要以四项基本原则保证改革开放的正确方向，又要通过改革开放赋予四项

① 《邓小平文选》第三卷，人民出版社 1993 年版，第 138 页。

基本原则新的时代内涵，坚持把以经济建设为中心同四项基本原则、改革开放这两个基本点统一于发展中国特色社会主义的伟大实践。

改革开放开始后的一个很长时期内，我国经济体制改革的核心问题是如何正确认识和处理计划与市场的关系。传统观念认为，计划经济是社会主义的基本特征，市场经济是资本主义特有的东西。但在经济建设实践中，市场和计划的矛盾愈益显现出来，成为深化社会主义经济体制改革面临的主要问题。

是继续因循计划经济不变，还是对计划经济进行根本性变革，采取社会主义市场经济体制，这同样也是我们党面临的变革与因循难题。为此，以邓小平同志为核心的党的第二代中央领导集体进行了积极探索。

何以解忧？唯有改革！针对计划经济条件下企业没有自主权的情况，邓小平主张先从扩大企业自主权开始。针对一些人关于计划与市场关系的僵化认识，邓小平指出："说市场经济只存在于资本主义社会，只有资本主义的市场经济，这肯定是不正确的。""社会主义也可以搞市场经济。""把这当作方法，不会影响整个社会主义，不会重新回到资本主义。"①

在探索社会主义市场经济的道路上，邓小平是总设计师。当有的干部把农民自发搞起来的包产到户和农贸市场作为资本主义的东西准备打压的时候，邓小平明确主张，不要动，等一等，看一看。当人们纷纷

① 《邓小平文选》第二卷，人民出版社 1994 年版，第 236 页。

认为搞市场就是走资本主义道路的时候，他尖锐指出：“为什么一谈市场就说是资本主义，只有计划才是社会主义呢？计划和市场都是方法嘛。”①

邓小平为何这么做？因为他坚守实事求是的传统，坚信老百姓的智慧。他说中国改革开放的成功，“不是靠本本，而是靠实践，靠实事求是。农村搞家庭联产承包，这个发明权是农民的。农村改革中的好多东西，都是基层创造出来，我们把它拿来加工提高作为全国的指导”②。

邓小平对社会主义与市场经济的关系进行了深入的探索。邓小平指出：“社会主义为什么不可以搞市场经济，这个不能说是资本主义。我们是计划经济为主，也结合市场经济，但这是社会主义的市场经济。”③党的十二届三中全会通过的《中共中央关于经济体制改革的决定》提出了社会主义经济是“公有制基础上的有计划的商品经济”的论断。邓小平高度评价这个决定是马克思主义基本原理和中国社会主义实践相结合的政治经济学。④

1992年1月17日，88岁高龄的邓小平启程南下，开始了他一次历史性的南方之行。邓小平是带着对中国改革开放极其忧虑、极其紧迫的心情上路的。他先后来到武昌、深圳、珠海、上海等地视察，前后35天时间，一路走，一路讲，这就是著名的“南方谈话”。邓小平指出，

---

① 《邓小平年谱（1975—1997）》（下），中央文献出版社2004年版，第1168页。
② 《邓小平文选》第三卷，人民出版社1993年版，第382页。
③ 《邓小平文选》第二卷，人民出版社1994年版，第236页。
④ 参见《邓小平文选》第三卷，人民出版社1993年版，第83页。

计划经济不等于社会主义，市场经济不等于资本主义，计划和市场都是经济手段。针对“左”的问题，他说主要是防止“左”。有些理论家、政治家，拿大帽子吓唬人的，不是右，而是“左”。把改革开放说成是引进和发展资本主义，认为和平演变的主要危险来自经济领域，这些就是“左”。① 邓小平的谈话，犹如一股强烈的春风，吹散了笼罩在人们头上的姓“社”姓“资”的思想禁锢，推动了中国市场经济改革的历史进程。

中国共产党通过农村和城市的生动实践，认识到苏联解体、东欧剧变的重要原因就是他们的改革思路出了问题，老百姓没有得实惠，从而丧失了百姓的支持。中国不能步苏联和东欧国家的后尘，必须坚持市场取向的改革，让老百姓得实惠，赢得百姓的支持。

党的十四大根据改革开放实践发展的要求和邓小平关于社会主义也可以搞市场经济的思想，特别是 1992 年初南方谈话的精神，确定了建立社会主义市场经济体制的改革目标。建立社会主义市场经济体制是我们党的一个伟大创举，是我国经济体制改革在实践和理论上的重大突破。

四、全面深化改革与新时代中国特色社会主义

改革开放是我们党的一次伟大觉醒，正是这个伟大觉醒孕育了我们

① 参见《邓小平文选》第三卷，人民出版社 1993 年版，第 373、375 页。

党从理论到实践的伟大创造，极大改变了中国的面貌、中华民族的面貌、中国人民的面貌、中国共产党的面貌。历史雄辩地证明，改革开放是当代中国发展进步的活力之源，是我们党和人民大踏步赶上时代前进步伐的重要法宝，是坚持和发展中国特色社会主义的必由之路。

一个时代有一个时代的问题，一代人有一代人的使命。虽然我们已走过万水千山，但仍需要不断跋山涉水。党的十八大以来，随着中国特色社会主义进入新时代，我国改革开放走到了一个新的历史关头。随着改革进入攻坚期和深水区，遇到的阻力越来越大，面对的暗礁、潜流、漩涡越来越多。发展中的问题和发展起来后的问题、一般矛盾和深层次矛盾、有待完成的任务和新提出的任务交织叠加、错综复杂。容易的、皆大欢喜的改革已经完成了，好吃的肉都吃掉了，剩下的都是难啃的硬骨头。我国发展面临一系列突出矛盾和挑战，前进道路上还有不少困难和问题。改革涵盖的领域愈加广泛、触及利益格局的调整愈加深刻、涉及的矛盾和问题愈加尖锐、突破体制机制的障碍愈加突出，继续推进改革的复杂性、敏感性、联动性前所未有。

习近平总书记强调，改革开放只有进行时没有完成时。改革是由问题倒逼而产生，又在不断解决问题中得以深化。改革进程中的矛盾只能用改革的办法来解决。新时代全面深化改革，必须自强不息、自我革新，逢山开路、遇水架桥，敢于啃硬骨头，敢于涉险滩，敢于向积存多年的顽瘴痼疾开刀，勇于突破利益固化的藩篱，将改革进行到底。

2019 年 1 月 21 日，习近平总书记在省部级主要领导干部坚持底线思维着力防范化解重大风险专题研讨班开班式上强调指出："面对波谲云诡的国际形势、复杂敏感的周边环境、艰巨繁重的改革发展稳定任务，我们必须始终保持高度警惕，既要高度警惕'黑天鹅'事件，也要防范'灰犀牛'事件；既要有防范风险的先手，也要有应对和化解风险挑战的高招；既要打好防范和抵御风险的有准备之战，也要打好化险为夷、转危为机的战略主动战。"①

当今世界，变革创新的潮流滚滚向前。"苟利于民，不必法古；苟周于事，不必循俗。"变革创新是推动人类社会向前发展的根本动力。谁排斥变革，谁拒绝创新，谁就会落后于时代，谁就会被历史淘汰。中国 40 年改革开放给人们提供了许多弥足珍贵的启示，其中最重要的一条就是，一个国家、一个民族要振兴，就必须在历史前进的逻辑中前进、在时代发展的潮流中发展。②

实践证明，要破解发展中面临的难题，防范化解来自各方面的重大风险挑战，推动经济社会持续健康发展，必须依靠全面深化改革。

党的十八届三中全会作出了全面深化改革的决定，把"完善和发展中国特色社会主义制度、推进国家治理体系和治理能力现代化"确定为全面深化改革的总目标，围绕这个总目标，合理布局了全面深化改革的战略重点、主攻方向、工作机制、推进方式和时间表、路线图，取得了改革理论和政策的一系列新的重大突破。

---

① 《习近平谈治国理政》第三卷，外文出版社 2020 年版，第 219—220 页。
② 参见习近平：《开放共创繁荣 创新引领未来——在博鳌亚洲论坛 2018 年年会开幕式上的主旨演讲》，《人民日报》2018 年 4 月 11 日。

党的十八届三中全会就改革作出了自改革开放以来最为系统全面的顶层设计，是我国改革开放进程中的重要里程碑，标志着我国改革开放事业进入一个新的历史阶段，开创了我国改革开放的新局面。正如习近平总书记所说："在改革开放40多年历程中，党的十一届三中全会是划时代的，开启了改革开放和社会主义现代化建设历史新时期；党的十八届三中全会也是划时代的，开启了全面深化改革、系统整体设计推进改革的新时代，开创了我国改革开放的新局面。"①

现在改革已经进入攻坚期和深水区，推进全面深化改革的复杂程度、敏感程度、艰巨程度前所未有。全面深化改革，根本在"改革"，关键在"深化"，重点在"全面"。强调"改革"，就是要始终高举改革的旗帜不动摇，勇于自我革命，敢于直面问题；强调"深化"，就是要有勇气、有胆识、有担当，敢于啃硬骨头，敢于涉险滩、闯难关；强调"全面"，就是表明改革不是某一领域、某一方面单兵突进，而是全面系统改革，必须加强顶层设计，使各方面改革协调推进、形成合力。

习近平总书记指出："全面深化改革，全面者，就是要统筹推进各领域改革，就需要有管总的目标，也要回答推进各领域改革最终是为了什么、要取得什么样的整体结果这个问题。正所谓'立治有体，施治有序'。"②

新时代的全面深化改革具有许多新的内涵和特点，其中很重要的就

① 《习近平谈治国理政》第三卷，外文出版社2020年版，第111页。
② 习近平：《论坚持全面深化改革》，中央文献出版社2018年版，第88页。

是制度建设分量更重，改革更多面对的是深层次体制机制问题，对改革顶层设计的要求更高，对改革系统性、整体性、协同性要求更强，相应的建章立制、构建体系的任务更重。党的十九大提出，到 2035 年“各方面制度更加完善，国家治理体系和治理能力现代化基本实现”；到本世纪中叶“实现国家治理体系和治理能力现代化”。党的二十大再次明确这一目标，并强调到本世纪中叶，把我国建设成为综合国力和国际影响力领先的社会主义现代化强国。

“改革不是改向，变革不是变色。”[①] 中国特色社会主义进入新时代，要站在更高起点谋划和推进改革，改革是有方向、有立场、有原则的。坚持什么样的改革方向，决定着改革的性质和最终成败，全面深化改革的深刻性和复杂性前所未有，各种思想文化相互激荡，各种矛盾相互交织，各种诉求相互碰撞，各种力量竞相发声。在这种情况下，确保改革沿着有利于党和人民事业发展的正确方向前进就越发重要。

方向决定道路，道路决定命运。我国改革开放之所以能取得巨大成功，关键是我们把党的基本路线作为党和国家的生命线，始终坚持把以经济建设为中心同四项基本原则、改革开放这两个基本点统一于中国特色社会主义伟大实践，既不走封闭僵化的老路，也不走改旗易帜的邪路，坚定不移走中国特色社会主义道路。改革是社会主义制度自我完善和发展，不是对社会主义制度改弦易张，不实行改革开放是死路一条，

① 习近平：《论坚持全面深化改革》，中央文献出版社 2018 年版，第 100 页。

搞否定社会主义方向的“改革开放”同样也是死路一条。

全面深化改革中，我们要有主张、有定力，保持政治坚定性，明确政治定位。改什么、怎么改，必须以是否符合完善和发展中国特色社会主义制度、推进国家治理体系和治理能力现代化的总目标为根本尺度，该改的、能改的我们坚决改，不该改、不能改的坚决不改，我们决不能在根本性问题上出现颠覆性错误。面对复杂形势和各种风险考验，我们要有冒的勇气、闯的劲头，始终坚持以我为主，应该改又能够改的坚决改，不应改的再过多长时间也要坚决守住不改；应该改而不具备条件的创造条件改，该快的一定要快，不能快的则循序渐进。对看准了的改革，要下决心推进，争取早日取得成效。

回顾改革开放以来的奋斗历程，我国之所以能够取得举世瞩目的历史性成就，根本原因在于我们坚持了中国特色社会主义方向，排除各种干扰，确保改革不变质、不走样。相比之下，苏联、东欧等前社会主义国家的“改革”之所以遭到惨败，根本原因就在于他们改革的方向跑偏了，改革的路子走歪了，不仅没有完善社会主义制度，反而最终导致国亡政息的结局。因此，习近平总书记强调：“我国是一个大国，决不能在根本性问题上出现颠覆性错误，一旦出现就无法挽回、无法弥补。”①

实践证明，改革开放是决定当代中国命运的关键一招，也是决定实现“两个一百年”奋斗目标、实现中华民族伟大复兴的关键一招，新时

① 习近平：《论坚持全面深化改革》，中央文献出版社 2018 年版，第 59 页。

代必须坚定不移地推进全面深化改革。

中国共产党为什么能解决好变革与因循难题呢？

一是因为有坚定的马克思主义信仰。

马克思主义作为我们立党立国的根本指导思想，是近代以来中国历史发展的必然结果，是中国人民长期探索的历史选择。百年来，中国共产党正是坚持马克思主义的指导，坚定马克思主义的信仰，不断推进马克思主义基本原理同中国具体实际相结合，成功解决了一系列革命、建设、改革中遇到的难题，成就了百年伟业。

革命时期，共产党人艰辛探索、前赴后继，用鲜血和生命践行对马克思主义的信仰。新中国成立后，中国共产党始终坚定对马克思主义的信仰，不断使马克思主义基本原理与中国具体实际相结合，走出了中国特色社会主义道路。党的十八大以来，习近平总书记多次强调："对马克思主义的信仰，对社会主义和共产主义的信念，是共产党人的政治灵魂，是共产党人经受住任何考验的精神支柱。"①

共产党人不断推进马克思主义中国化。习近平总书记指出："我们党的历史，就是一部不断推进马克思主义中国化的历史，就是一部不断推进理论创新、进行理论创造的历史。"②百年来，中国共产党坚持解放思想和实事求是相统一、培元固本和守正创新相统一，不断开辟马克思主义新境界，推进马克思主义中国化时代化。

① 《习近平谈治国理政》第一卷，外文出版社 2018 年版，第 15 页。
② 《习近平谈治国理政》第四卷，外文出版社 2022 年版，第 510 页。

在革命、建设、改革各个历史时期，中国共产党坚持马克思主义基本原理同中国具体实际相结合，运用马克思主义立场、观点、方法研究解决各种重大理论和实践问题，不断推进马克思主义中国化时代化大众化，指导党和人民取得了新民主主义革命、社会主义革命和建设、改革开放和社会主义现代化建设的伟大成就。实践证明，马克思主义只要与本国国情相结合、与时代发展同进步、与人民群众共命运，就能焕发出强大的生命力、创造力和感召力。

二是因为有自我革命的勇气。

习近平总书记指出："勇于自我革命，是我们党最鲜明的品格，也是我们党最大的优势。"[①] 勇于自我革命，不仅关乎党能否保持自身的先进性和纯洁性，而且关乎党能否成功跳出历史周期率。

中国共产党自成立以来，每一步成长均伴随着自我革命，以彻底的自我革命精神不断锤炼自己。因此，百年党史，也是一部党的自我革命史。党的一大通过的《中国共产党第一个纲领》第十条提到"监督"二字，表明自创立之日起，党便将"自我革命"的基因嵌入自身。党的二大通过的《中国共产党章程》第四章为"纪律"，党的三大《中央通告第七号》提到了"自我批评"，这是党早期自我革命制度设计的雏形。延安整风从思想上彻底清除了党内存在的"左"倾和右倾错误，是全党思想上的一场自我革命。党的七届二中全会提出的"两个务必"是党对

① 习近平：《在党史学习教育动员大会上的讲话》，《求是》2021 年第 7 期。

自身建设的警醒与自觉。新中国成立以后，党开展整党、整风运动，开启了全国执政后的自我革命之路。“文化大革命”结束后，在全国展开关于真理标准问题大讨论，即是一场自我革命的重要实践。改革开放过程中，党直面问题，不断肃清特权、封建残余思想，惩治腐败，自我革命随之进入法治化阶段。

党的十八大以来，党开启全面从严治党的新征程。特别是党的二十大提出“三个务必”，标志着党的自我革命进入体系化、机制化新阶段。我们党雷厉风行进行“刮骨疗毒”式反腐败，“老虎”“苍蝇”一起打，上不封顶，凡腐必反，向世界展示了共产党人自我革命的态度和勇气，并将制度建设贯穿党的各项建设之中，通过体系化的党内法规制度的构建，加强约束，让权力在阳光下运行，把权力关进制度的笼子里。

在领导中国革命、建设、改革的百年奋斗历程中，我们党为什么能够在现代中国各种政治力量反复较量中脱颖而出？为什么能够始终走在时代前列、成为中国人民和中华民族的主心骨？根本原因就在于我们党始终保持了自我革命精神，一次次拿起手术刀革除自身的病症，一次次依靠自身力量和与群众结合的力量解决自身问题，攻克了一个又一个看似不可攻克的难关。习近平总书记指出，“中国共产党的伟大不在于不犯错误，而在于从不讳疾忌医，敢于直面问题，勇于自我革命”。实践证明，我们党每一次自我革命，都不是简单的自我修复，而是从里到外的深刻改造、深度重塑，使我们党能够一次次转危为安、化危为机，不断由小到大、由弱变强，带领中国人民从胜利走向胜利。

三是因为有以人民为中心的情怀。

人民群众是我们党的力量源泉，人民立场是我们党的根本政治立场。不忘初心，方得始终。百年来，共产党人一直牢记全心全意为人民服务的根本宗旨，用实际行动践行以人民为中心的理念与情怀。习近平总书记指出："我们党来自于人民，党的根基和血脉在人民。为人民而生，因人民而兴，始终同人民在一起，为人民利益而奋斗，是我们党立党兴党强党的根本出发点和落脚点。"①

习近平总书记始终把人民放在心中最高位置，他风雨兼程、访贫问苦，从黄土高坡到青藏高原，从太行山区到乌蒙山区，从零下几十度到海拔数千米，从"贫瘠甲天下"的甘肃定西到"隔山走一天"的四川大凉山，足迹遍布大江南北、遍布全国 14 个集中连片特困地区，听民声、察民情、思对策，身体力行、率先垂范，模范践行了人民至上的价值理念。

以人民为中心不同时期有不同的表达，但人民利益至上的内核是相同的。毛泽东提出"全心全意为人民服务"，党的七大将其写进党章。邓小平的人民立场，在于尊重群众首创，带领群众走向共同富裕，强调"群众是我们力量的源泉"。正是基于尊重群众的首创精神，将农村家庭联产承包责任制作为改革开放的切入点，拉开了改革开放的序幕。也正是基于人民立场，邓小平提出"贫穷不是社会主义"，社会主义的本质是"解放生产力，发展生产力，消灭剥削，消除两极分化，最终达到

① 习近平：《在党史学习教育动员大会上的讲话》，《求是》2021 年第 7 期。

共同富裕”。党的十八大以来，习近平总书记始终将人民利益放在第一位，将增进人民福祉作为治国理政的目标。脱贫攻坚，消除绝对贫困，300多万名第一书记和驻村干部，近200万名乡镇干部和数百万名村干部奋战在扶贫第一线，1800多名同志牺牲在扶贫第一线，这是新时代中国共产党人对以人民为中心最好的诠释，是对如何坚持人民至上最好的回答。

四是因为有把握历史大势的战略眼光。

历史发展有其规律，但人在其中不是完全消极被动的。只要把握住历史发展规律和大势，抓住历史变革时机，顺势而为，奋发有为，我们就能够更好前进。百年来，中国共产党以马克思主义基本原理分析把握历史大势，抓住各种历史机遇，成就了百年伟业。

“虽有智慧，不如乘势。”“势”就是历史规律，历史趋势。百年来，中国共产党立足现实，把握历史大势，顺势而为，奠基立业。党成立的时代背景是社会主义兴起，十月革命胜利，正是借着这样的“大势”才有了中国共产党的诞生。抗战时期，党把握世界反法西斯战争和中国人民抗日救亡强烈愿望的大势，从国家与民族大义出发，促成了抗日民族统一战线，最终团结带领人民赢得了抗日战争伟大胜利。中华人民共和国的成立和巩固，也是顺应了时代趋势。当时，民族解放运动风起云涌，殖民地国家纷纷独立，社会主义运动迅速发展，党正是在这样的背景下建立了社会主义国家，并巩固了新生政权。1978年我国作出改革开放的决策，正是准确判断世界大势，确立和平与发展是时代主题的认识，才有了党和国家工作中心的转移，开启了改革开放历史新时期。

当今世界正经历百年未有之大变局，只有把握历史发展规律和大势，以发展眼光看世界、看历史，尊重历史规律，顺应历史潮流，从复杂多变的国际形势中把握其实质，有预见性，有因应之策，才能掌握党和国家事业发展的历史主动。

第七章

正确处理当前与长远的关系

2017年，习近平总书记在瞻仰上海中共一大会址和浙江嘉兴南湖红船时感慨地说，“其作始也简，其将毕也必巨”。这句话毛泽东也说过。

1945年4月21日，党的七大预备会议在延安举行，毛泽东在会上作报告，动情地回忆起一大时的情形。他说，中国《庄子》里有句话叫“其作始也简，其将毕也必巨”。“我们开始的时候，也是很小的小组。这次大会发给我一张表，其中一项要填何人介绍入党。我说我没有介绍人。我们那时候就是自己搞的，知道的事也并不多，可谓年幼无知，不知世事。但是这以后二十四年就不得了，翻天覆地！整个世界也是翻天覆地的。”①

然而，就是这样一次“其将毕也必巨”的伟大会议，在当时并没有被大家所看好。党的一大之后，参加会议的13名代表中，竟有多人出了问题，有人脱党，也有陈公博、周佛海、张国焘3人变节叛党。

那么，同样的一次会议，同样的起点，为什么不同人的结局差别这么大呢？说到底就是如何处理好“当前与长远”这一难题。习近平早在浙江工作期间，就强调要处理好当前和长远之间的关系。他说：“我们

① 《建党以来重要文献选编（1921—1949）》第二十二册，中央文献出版社2011年版，第117页。

做一切工作，都必须统筹兼顾，处理好当前与长远的关系。我们强调求实效、谋长远，求的不仅是一时之效，更有意义的是求得长远之效。当前有成效、长远可持续的事要放胆去做，当前不见效、长远打基础的事也要努力去做。”①

新时代背景下，面对新的机遇和挑战，更应该高度重视并统筹好当前与长远之间的关系。

一、着眼长远，把握大势，战略谋划

（一）着眼长远把握大势，只要主义真

未来不能预知，但可以预测。

“主义就是旗帜”，旗帜就是方向。预测能否方向正确，完全取决于所追求的信仰是否科学。信仰不同，结局可能相差十万八千里。

大家都知道，毛泽东和蔡和森当年是杨昌济的得意门生，其实杨先生还有一个学生非常优秀，那就是萧子升。他们 3 人被誉为“杨门三杰”。萧子升和毛泽东都毕业于东山学堂。1913 年，毛泽东考上了当地的第四师范。没过多久，当地的第一师范和第四师范进行了合并，萧子升正好在第一师范，两个人再次成了师兄弟，只是毛泽东入学的那年恰好萧子升毕业。两个年轻人认识之后经常交流，很谈得来，当时他们一

① 习近平：《之江新语》，浙江人民出版社 2007 年版，第 86 页。

致认为“纸上得来终觉浅”，只有贴近老百姓的生活，才能够更好地理解人间疾苦，于是两人踏上了游学的路。萧子升同毛泽东一起徒步考察了湖南五县，饿了，两人就去帮农民种庄稼换口饭吃；缺钱了，就去大户人家帮人家写字帖。虽然日子苦些，但是两个人体验了学校里所体验不到的生活，也加深了对人民的生活和思想的理解与认识。萧子升还是新民学会的主要创始人之一，而新民学会的创办发展同毛泽东的个人成长及共产党的诞生有着密切的历史联系。

后来，萧子升前往巴黎留学，两年后归国，毛、萧二人发现：彼此的思想和境遇都发生了巨大变化。他们彻夜长谈，却不再能志同道合。毛泽东认为，要改造中国，必须进行政治改造，实现劳动人民的当家作主，仅靠办书店、办教育是不行的。而萧子升坚信无政府主义，他认为革命会带来牺牲，而他宁愿没有牺牲，通过文化和教育的逐步改良，来实现社会进步。

1921 年 7 月的一个晚上，毛泽东和萧子升一起搭船离开长沙，在船上继续争论。萧子升回忆说：“那是最后一个夜晚，我们同床而睡，一直谈到黎明，毛泽东一直劝说我加入共产党，他说，如果我们全力以赴，不要一千年，只要 30 年至 40 年的时间，共产党就能够改变中国。”萧子升却认为，这不过是天方夜谭。后来，萧子升在武汉下了船，而毛泽东则继续前往上海，毛、萧二人从此分道扬镳。

萧子升后来说：“多年之后我才知道，那次毛泽东去上海，是为了参加一次重要的会议，而这次会议，就是中共一大。”萧子升错过了中共一大，转而投入国民党阵营。1949 年，他随国民党政府去了中国台湾，后来又到法国、瑞士。1952 年去南美乌拉圭，从事教育事业。

毛、萧二人师出同门，也都努力着眼长远、把握未来大势，但最终却走上殊途，说到底就是主义的问题。1918 年毛泽东接触到了马克思主义并深为认同，而萧子升与毛泽东的理念从这一刻开始就出现了较大的差距，他认为国家的变革需要保守一点，通过教育慢慢改变国家的未来，所以他选择了无政府主义。

理论上的成熟是政治上成熟的基础，政治上的坚定源于理论上的清醒。毛泽东说，我们“靠马克思列宁主义的真理吃饭”①。邓小平曾坚定地指出：“我坚信，世界上赞成马克思主义的人会多起来的，因为马克思主义是科学。”②事实证明，马克思主义不仅深刻改变了世界，也深刻改变了中国。习近平总书记在党的二十大上明确指出：“实践告诉我们，中国共产党为什么能，中国特色社会主义为什么好，归根到底是马克思主义行，是中国化时代化的马克思主义行。拥有马克思主义科学理论指导是我们党坚定信仰信念、把握历史主动的根本所在。”③在新时代背景下，习近平总书记要求全党从党的非凡历程中领会马克思主义是如何深刻改变中国、改变世界的，感悟马克思主义的真理力量和实践力量，深化对中国化马克思主义既一脉相承又与时俱进的理论品质的认识。④

① 《毛泽东选集》第三卷，人民出版社 1991 年版，第 836 页。
② 《邓小平文选》第三卷，人民出版社 1993 年版，第 382 页。
③ 习近平：《高举中国特色社会主义伟大旗帜　为全面建设社会主义现代化国家而团结奋斗——在中国共产党第二十次全国代表大会上的报告》，人民出版社 2022 年版，第 16 页。
④ 参见习近平：《在党史学习教育动员大会上的讲话》，《求是》2021 年第 7 期。

（二）着眼长远把握大势，更要有信心

“只要有信心，黄土变成金。”预测未来，更要有信心去创造未来。信心是一种神奇的精神力量，在形成做事情的决心时，人对观念的真理性的信心、对按照观念行动的必要性的信心、对观念化为现实的实际可能性的信心，占有重要的地位。所以，做任何事情都要先有信心，有了信心，才有战胜困难的动力、克服困难的毅力和取得胜利的能力。习近平总书记说：“越是困难时刻，越要坚定信心，越要沉着勇毅。”①

前途光明，但道路往往曲折，如何对所期待的美好未来树立坚定信心，毛泽东说：“现在我们要有充分的信心估计到光明，也要有充分的信心估计到黑暗，把各方面都充分估计到。”②1927 年大革命失败以后，党的工作重点由城市转入农村，中国革命暂时进入低潮，毛泽东领导建立了第一个农村革命根据地——井冈山革命根据地。但是，红四军党内一些有悲观思想的右倾机会主义者，在强敌进攻面前，怀疑革命根据地发展的前途，提出了“红旗到底能打多久”的疑问，他们不相信革命高潮很快就要到来。毛泽东以回复林彪来信的方式，针对红四军内部弥漫的悲观情绪进行了一次系统的批评，对时局的发展作出“星星之火，可以燎原”的自信判断，提出中国革命高潮快要到来，“它是站在海岸遥望海中已经看得见桅杆尖头了的一只航船，它是立于高山之巅远看东方

① 《习近平在亚太经合组织第二十八次领导人非正式会议上的讲话》，人民出版社 2021 年版，第 1—2 页。
② 《毛泽东文集》第三卷，人民出版社 1996 年版，第 390 页。

已见光芒四射喷薄欲出的一轮朝日，它是躁动于母腹中的快要成熟了的一个婴儿”[①]。解放战争时期，毛泽东依据政治、经济、军事原因，坚定地指出：“我们是能够战胜蒋介石的。全党对此应当有充分的信心。”[②]新中国成立后，毛泽东指出：“我们有充分的信心，克服一切艰难困苦，将我国建设成为一个伟大的社会主义共和国。”[③]新形势下，面对新的挑战和压力，2023 年新年伊始，习近平总书记就给大家鼓劲，他说：“只要我们坚定信心、顽强拼搏，就一定能够实现新征程的良好开局。”[④]

（三）着眼长远把握大势，还要有初心

初心砥砺我们勇毅前行。在通往美好未来的曲折道路上，需要有一个真理指引着我们前行，还要有一股支撑我们坚持到底的精神力量，这就是初心。“党的初心和使命是党的性质宗旨、理想信念、奋斗目标的集中体现，激励着我们党永远坚守，砥砺着我们党坚毅前行。”[⑤]在党 100 多年的艰苦奋斗征程中，无数优秀党员干部怀揣初心，克服艰难险阻，作出卓越贡献。在这方面，习仲勋的一生就很有代表性。

1928 年 3 月，中共三原中心县委发动了影响较大的“三师”学潮，当时习仲勋正在陕西省立第三师范学习。他和同学们在学校党组织的领导下，采取不同方式对工农兵学商等各界人士进行革命宣传，反对国

① 《毛泽东选集》第一卷，人民出版社 1991 年版，第 106 页。
② 《毛泽东选集》第四卷，人民出版社 1991 年版，第 1187 页。
③ 《毛泽东文集》第六卷，人民出版社 1999 年版，第 350 页。
④ 习近平：《在二〇二三年春节团拜会上的讲话》，《人民日报》2023 年 1 月 21 日。
⑤ 《习近平谈治国理政》第三卷，外文出版社 2020 年版，第 538 页。

民党和蒋介石的反动统治。学生运动的高涨，引起了国民党地方当局的注意，包括习仲勋在内的 9 名学生和三原中心县委成员武廷俊被地方当局逮捕，后送西安军事裁判所关押。一天，武廷俊找习仲勋郑重谈话："我介绍你加入中国共产党。"从此，不满 14 岁的习仲勋开始了为共产主义事业奋斗的新历程。后来，习仲勋在他的自传中写道："那时年龄太小，确实不知道共产主义如何解释？总之，这时我的认识是共产党好，反正是要跟随到底。"永远跟党走，这就是习仲勋的初心。

1935 年秋，党内"左"倾机会主义错误严重影响到西北革命根据地，党内思想斗争演化成一场极端错误的肃反。数百名同志惨遭杀害，习仲勋和刘志丹等一大批领导干部在此次肃反中被逮捕关押。后来毛泽东率领中央红军长征到达陕北，这些被关押的同志才得以获释。习仲勋谈起这次劫难时说："肃反是错误的，但我们相信中央会弄清问题，正确处理的。"

然而在 27 年后，在党的八届十中全会上，时任国务院副总理兼秘书长的习仲勋，遭到康生等人诬陷，被加上了"习仲勋反党集团""西北反党集团"种种莫须有的罪名，被审查、批斗、下放、关押、改造和监护长达 16 年之久。习仲勋回忆他遭受诬陷时的痛苦心情说："这真是晴天霹雳，令人百思不得其解。"但他依然把个人荣辱与国运兴衰连在了一起，复出工作，出任广东省委书记时已 65 岁，离开领导岗位也已经 16 年，且他的冤案还未得到最后平反。但他还是不忘初心，无私奉献，在改革开放新时期作出了重大贡献。终其一生，无论受到什么样的待遇，无论顺境抑或逆境，习仲勋都始终坚持对马克思主义的信仰，始终忠诚于党和人民，始终做到初心如磐、使命在肩。

习近平总书记说："一个忘记来路的民族必定是没有出路的民族，一个忘记初心的政党必定是没有未来的政党。"[①]100 多年来，中国共产党之所以能够取得举世瞩目的成就，归根到底是有无数守护初心、坚守使命的优秀党员干部。革命时期，邓中夏不幸被捕后在狱中受到了敌人的残酷摧残，他以一个共产党员的钢铁意志挺住了。监狱地下党支部通过难友对邓中夏说："同志们很关心你，你有什么打算？"邓中夏听后激动地说："请你告诉大家，就是把邓中夏的骨头烧成灰，邓中夏还是共产党员。"党的一大代表陈潭秋被捕后，敌人对他施以酷刑，逼迫他"脱党"，他拒不屈服。

新中国成立后，被誉为"党的好干部""人民的好公仆"的焦裕禄，一心一意为老百姓办实事的福建东山县原县委书记谷文昌，时代楷模、优秀县委书记廖俊波，时代楷模李保国，等等，都是被习近平总书记点赞过的优秀党员干部。这些优秀共产党员的共同之处，就是坚守初心。习近平总书记强调指出，要"不断叩问初心、守护初心，不断坚守使命、担当使命，始终做到初心如磐、使命在肩"[②]。

新的时代背景下，随着市场经济的深入发展，党员干部遇到的诱惑越来越多。从党"打虎""拍蝇"的结果可以看出，确实有一部分党员干

① 《习近平谈治国理政》第三卷，外文出版社 2020 年版，第 538 页。
② 《习近平谈治国理政》第三卷，外文出版社 2020 年版，第 539 页。

部走着走着就迷失了自我，丧失了信仰信念，背离了初心使命，走上了违纪违法道路，给党的形象抹了黑。为了更深入地推进党的自我革命，习近平总书记指出：“唯有不忘初心，方可告慰历史、告慰先辈，方可赢得民心、赢得时代，方可善作善成、一往无前。”[①]

（四）着眼长远把握大势，要增强战略性

战略是从全局、长远、大势上作出判断和决策。一个大党，领导一个大国，不断推进伟大事业，必须有前瞻性，这就要高度重视战略。战略思维是一个党最重要的思维，善于从战略上看问题、想问题，才能站得高、看得远，不囿于一时一地。“战略问题是一个政党、一个国家的根本性问题。战略上判断得准确，战略上谋划得科学，战略上赢得主动，党和人民事业就大有希望。”[②]

通过规划治党治国，制定比较长远的经济发展战略和目标，是我们党的优良传统。新中国成立之初，我们党就开始了计划编制的探索。从1951年开始，我们党就着手制定“一五”计划。1952年，党中央发出了《关于编制1953年计划及长期计划纲要若干问题的指示》。1955年3月，党的全国代表会议通过了中央委员会提出的“一五”计划草案决议。至今已在实施第14个五年规划。改革开放启动后，邓小平从实际出发，对中国现代化建设的目标和步骤规划了新的历史进程表，提出了

① 《习近平谈治国理政》第三卷，外文出版社2020年版，第498页。
② 《习近平谈治国理政》第四卷，外文出版社2022年版，第31页。

“三步走”的发展战略。1987年10月，党的十三大明确提出经济建设的战略部署大体分三步走。第一步，从1981年到1990年，解决人民的温饱问题；第二步，从1991年到20世纪末人民生活达到小康水平；第三步，到21世纪中叶，人均国民生产总值达到中等发达国家水平，人民过上比较富裕的生活。“三步走”的发展战略，向人们展示了中国实现社会主义现代化清晰而切实的战略目标和步骤。

2017年党的十九大上，以习近平同志为核心的党中央站在历史新的更高起点上，对新时代推进社会主义现代化建设作出新的顶层设计，提出从2020年到本世纪中叶，在全面建成小康社会的基础上，分两步走全面建成社会主义现代化强国。2022年，在党的二十大上，习近平总书记明确指出，全面建成社会主义现代化强国，总的战略安排是分两步走：从2020年到2035年基本实现社会主义现代化；从2035年到本世纪中叶把我国建成富强民主文明和谐美丽的社会主义现代化强国。①从全面建成小康社会到基本实现现代化，再到全面建成社会主义现代化强国，这是新时代中国特色社会主义发展的战略安排，明确了到本世纪中叶把我国建成富强民主文明和谐美丽的社会主义现代化强国的时间表、路线图。

事实胜于雄辩。中国式现代化建设取得的成就，就是最好的说明。回顾历史，总结经验，正如习近平总书记所指出的那样，“一百年来，

① 参见习近平：《高举中国特色社会主义伟大旗帜 为全面建设社会主义现代化国家而团结奋斗——在中国共产党第二十次全国代表大会上的报告》，人民出版社2022年版，第24页。

党总是能够在重大历史关头从战略上认识、分析、判断面临的重大历史课题，制定正确的政治战略策略，这是党战胜无数风险挑战、不断从胜利走向胜利的有力保证”[①]。百年大党何以风华正茂、永葆青春活力？就是要时刻保持解决大党独有难题的清醒和坚定，就要有长远的战略和灵活的策略。

2023年新年伊始，习近平总书记在学习贯彻党的二十大精神研讨班开班式上的讲话中再次强调：“要增强战略的前瞻性，准确把握事物发展的必然趋势，敏锐洞悉前进道路上可能出现的机遇和挑战，以科学的战略预见未来、引领未来。要增强战略的全局性，谋划战略目标、制定战略举措、作出战略部署，都要着眼于解决事关党和国家事业兴衰成败、牵一发而动全身的重大问题。要增强战略的稳定性，战略一经形成，就要长期坚持、一抓到底、善作善成，不要随意改变。要把战略的原则性和策略的灵活性有机结合起来，灵活机动、随机应变、临机决断，在因地制宜、因势而动、顺势而为中把握战略主动。”[②]

二、立足当前，脚踏实地，久久为功

我们是有理想的现实主义者。马克思、恩格斯在《德意志意识形态》中说：“共产主义对我们来说不是应当确立的状况，不是现实应当

① 《习近平谈治国理政》第四卷，外文出版社2022年版，第31页。
② 《习近平在学习贯彻党的二十大精神研讨班开班式上发表重要讲话强调　正确理解和大力推进中国式现代化》，《人民日报》2023年2月8日。

与之相适应的理想。我们所称为共产主义的是那种消灭现存状况的现实的运动。”[①]共产主义不是在某个时刻就会突然到来，共产主义本质上是一种运动，通过这种运动不断消灭现存不合理的状况，建设一个更加美好的社会。中国共产党自成立之日起就高擎共产主义旗帜。习近平总书记说：“马克思主义是远大理想和现实目标相结合、历史必然性和发展阶段性相统一的统一论者，坚信人类社会必然走向共产主义，但实现这一崇高目标必然经历若干历史阶段。”[②]回顾党的百年奋斗历程，中国共产党为什么能？一个重要原因就在于我们党不但善于谋划长远战略、擘画远景蓝图，更善于运用策略解决好当前问题。毛泽东说过：“虽然理想一定要有，但是还要结合一个东西，叫做‘现实’。”[③]立足当前，就要努力发现问题、解决难题，不断提高斗争本领和领导力，讲究策略，保证一切朝着理想的方向发展。

（一）立足当前脚踏实地，要有底线思维

底线思维，就是以问题为导向，立足最低点，充分估计可能遇到的矛盾、问题、困难和挑战，并有针对性地设计应对和解决方案，努力争取最好的结果。中国共产党是运用底线思维的典范。

1945 年，抗战即将胜利，形势一片大好，毛泽东强调，在看到“光明”的同时“更要准备困难”，一口气列举了我们可能遭遇的“十七条

① 《马克思恩格斯选集》第一卷，人民出版社 2012 年版，第 166 页。
② 《习近平谈治国理政》第四卷，外文出版社 2022 年版，第 162 页。
③ 《毛泽东文集》第三卷，人民出版社 1996 年版，第 361 页。

困难”，并提出“要在最坏的可能性上建立我们的政策”，要时刻准备“对付非常的困难，对付非常的不利情况”。他提醒说，相较于敌人而言，我们的“力量还小，前面还有困难”。这都要求我们既“要英勇奋斗”，“又要谦虚谨慎”，不要因“骄傲”而“吃亏”，不要重犯历史上“小了就舒舒服服，没有事情，一大就胀起来了，脑壳胀得很大，骄傲起来了，心里也躁了”的错误。[①] 在把“困难”估量清楚的基础上，党的七大制定了一整套正确的路线、纲领和策略，为党领导人民去争取抗日战争的胜利和新民主主义革命在全国的胜利奠定了政治上、思想上和组织上的深厚基础。

新中国成立后，毛泽东回忆这段历史时说，“‘七大’的时候，我讲了要估计到十七条困难”，“我们作了这样充分的估计，所以始终处于主动地位。现在我们得了天下，还是要从最坏的可能来设想”。[②] 遗憾的是，随着党在社会主义建设指导思想上逐渐发生“左”的偏差，底线思维这一优良传统我们没有坚持好、使用好，对中国社会主义建设的长期性、艰巨性、复杂性和对“最坏的可能”估计严重不足，最终在艰辛探索社会主义建设道路的过程中吃了大亏，留下了严重教训。

习近平总书记非常重视底线思维，他说：“凡事要从坏处准备，努力争取最好结果，做到有备无患。”[③]2004 年，时任浙江省委书记的习近平，在带领全省党员干部群众防御台风期间，尤为注重的是“防”，为此，

① 参见《毛泽东文集》第三卷，人民出版社 1996 年版，第 388、392、297、295 页。
② 《马列著作毛泽东著作选读（哲学部分）》，人民出版社 1978 年版，第 458 页。
③ 《习近平关于社会主义社会建设论述摘编》，中央文献出版社 2017 年版，第 168 页。

他提出："宁可十防九空，也不能万一失防；宁可事前听骂声，不可事后听哭声。"①朴实的话语，是对忧患意识和底线思维的最佳运用。党的十八大以来，习近平总书记多次强调要坚持和运用好底线思维，坚持问题导向，把风险控制在萌芽状态，"古人说：'祸几始作，当杜其萌；疾证方形，当绝其根。'我们要发挥好党的领导和我国社会主义制度优势，见微知著，抓早抓小，着力避免发生重大风险或危机"②。

新时代背景下，面对波谲云诡的国际形势、复杂敏感的周边环境、艰巨繁重的改革发展稳定任务，习近平总书记强调："新形势下，我国面临复杂多变的发展和安全环境，各种可以预见和难以预见的风险因素明显增多，如果得不到及时有效控制也有可能演变为政治风险。"③因而，要深刻认识和准确把握外部环境的深刻变化和我国改革发展稳定面临的新情况新问题新挑战，"于安思危，于治忧乱"，时刻牢记"安而不忘危，存而不忘亡，治而不忘乱"，增强风险意识和忧患意识，提高防范政治风险能力，坚持底线思维，善于预见形势发展走势和隐藏其中的风险挑战，着力防范化解重大风险。习近平总书记还强调，要"常观大势、常思大局，科学预见形势发展走势和隐藏其中的风险挑战，做到未雨绸缪"④。同时，还要提高危机应对处置能力，提高风险化解能力，抓住要害、找准原因，果断决策，善于整合各方力量，有效予以处理。

① 《干在实处 勇立潮头——习近平浙江足迹》，人民出版社、浙江人民出版社 2022 年版，第 318 页。
② 《习近平谈治国理政》第四卷，外文出版社 2022 年版，第 213 页。
③ 《习近平谈治国理政》第三卷，外文出版社 2020 年版，第 96 页。
④ 《习近平谈治国理政》第三卷，外文出版社 2020 年版，第 223 页。

（二）立足当前脚踏实地，就要真抓实干

一分部署，九分落实。以问题为导向，预防可能出现的问题，更要解决已经存在的难题，才能干出更好的成绩。习近平总书记说：“党和国家事业发展，离不开全党脚踏实地、真抓实干。”①

只有真抓才能攻坚克难。认真是一种专注、一种投入、一种坚韧的精神品质，彰显对职责的忠诚、做事的严谨、追求的执着。习近平总书记说：“世界上怕就怕‘认真’两字，我们共产党人就最讲‘认真’。”②“抓和不抓大不一样，真抓和假抓大不一样，严抓和松抓也大不一样。”③

第一，真抓意味着态度上尤为重视不敷衍。中国共产党最讲认真，尤其是对待群众，“群众利益无小事”。1934 年，毛泽东在谈到如何关心群众生活时这样讲：“妇女群众要学习犁耙，找什么人去教她们呢？小孩子要求读书，小学办起了没有呢？对面的木桥太小会跌倒行人，要不要修理一下呢？许多人生疮害病，想个什么办法呢？一切这些群众生活上的问题，都应该把它提到自己的议事日程上。应该讨论，应该决定，应该实行，应该检查。要使广大群众认识我们是代表他们的利益的，是和他们呼吸相通的。”④从不拿群众一个红薯，到不拿群众一针一线，体现的都是党高度重视群众利益的认真劲。锦州出苹果，辽西战役

① 《习近平谈治国理政》第二卷，外文出版社 2017 年版，第 190 页。
② 习近平：《做焦裕禄式的县委书记》，中央文献出版社 2015 年版，第 55 页。
③ 习近平：《在党的群众路线教育实践活动总结大会上的讲话》，人民出版社 2014 年版，第 25 页。
④ 《毛泽东选集》第一卷，人民出版社 1991 年版，第 138 页。

的时候，正是秋天，老百姓家里有很多苹果，我们的战士一个都不去拿。攻打锦州的时候，部队住在苹果园里面，也不摘苹果吃。如果没有把群众放在心上的认真劲，如果没有群众利益至上的高度自觉，在如此艰苦的环境中，疲惫的战士们是无法做到的。

第二，真抓就是程度上不打折扣。从严治党始终是党的优良传统，党在从严管党治党方面，不仅全面全方位，更是不打折扣，认真管党治党，这体现在很多方面。比如，对“黄克功案件”的处置上。红军将领黄克功，从井冈山时期就跟着毛泽东一起战斗，而且是参加过长征的老红军，负过伤，流过血，为革命屡建战功。然而，1937 年 10 月 5 日，黄克功因逼婚未遂在延河畔枪杀了陕北公学女学员刘茜，由一个革命的功臣堕落为杀人犯。黄克功案件发生后，很多人替他求情，当此民族危亡紧要关头，应该免除其死刑，减轻刑罚，让他上前线去，戴罪杀敌，将功赎罪。毛泽东随即作出批示，要求将黄克功交给人民审判。经过陕甘宁边区高等法院公开审理，法庭决定判处黄克功死刑，立即执行。行刑前，边区法院负责人公开宣读了毛泽东写来的一封信。毛泽东在信中写道：“正因为黄克功不同于一个普通人，正因为他是一个多年的共产党员，是一个多年的红军，所以不能不这样办。共产党与红军，对于自己的党员与红军成员不能不执行比较一般平民更加严格的纪律。”[①] 所以，我们党在解决问题上是不打折扣的，功不能抵过，从严治党一竿子插到

① 《毛泽东书信选集》，中央文献出版社 2003 年版，第 100 页。

底，没有任何商量余地。

第三，真抓还意味着深度上从一而终。我们党做事情从来不虎头蛇尾，“抓就真抓，一抓到底。不要老是喊狼来了，最后大家疲沓了，觉得不就是那么回事嘛，混一阵子、挺一阵子就过去了”①。我们共产党人最讲认真，“一切何必当真的观念，一切干一下得了的想法，一切得过且过的心态，都是对党和人民事业有大害而无一利的，都是万万要不得的”②。

只有实干，才能梦想成真。谋划长远，干在当下。“实干是成就事业的必由之路”③，“伟大梦想不是等得来、喊得来的，而是拼出来、干出来的”④。幸福是实干出来的，“不干，半点马克思主义都没有”。

第一，实干要踏实肯干、愿意干。新中国成立初期，勤劳勇敢的河南林县人民，用一锤一铲一双手，劈开太行千层山，建成举世瞩目的红旗渠水利工程，结束了“十年九旱、水贵如油”的苦难历史。在历时近10年的工程期间，共挖砌土石达2225万立方米。如把这些土石垒筑成高2米、宽3米的墙，可以把广州与哈尔滨连接起来，被誉为“人工天河”“世界第八大奇迹”，创造了“愚公移山”的现代奇迹。红旗渠工程动工时，正是我国遭受严重自然灾害时期，物资匮乏，甚至连钢钎、镐头、抬筐、抬杠等简单工具都很缺乏。但林县人民不等不靠自愿干，

① 习近平：《做焦裕禄式的县委书记》，中央文献出版社2015年版，第37页。
② 《十八大以来重要文献选编》（中），中央文献出版社2016年版，第93页。
③ 习近平：《在纪念邓小平同志诞辰110周年座谈会上的讲话》，人民出版社2014年版，第14页。
④ 习近平：《在庆祝改革开放40周年大会上的讲话》，人民出版社2018年版，第42页。

更没有伸手向国家要投资、要材料，而是发扬自力更生精神，依靠集体力量自主筹划。红旗渠工程建设过程中，自己烧石灰、制水泥、造炸药，主动出工出力、自备生产工具，自带口粮、自建营房、自搭炉灶，自己制造修理工具。面对重重困难，民工有的住山洞，睡席棚，有的住在山崖下，白天到山上割草，夜里把草铺在石板上便是“床”。修建总干渠和三条干渠所用的资金共4236万多元，其中79.8%是自筹的；劈山开渠需要大量炸药，修渠过程中共使用炸药2740吨，其中林县人民自己就制造了1215吨；共用水泥6705吨，其中自己制造5170吨；共用石灰14.5万吨，全部由各工地民工自己烧制。所以，红旗渠的修建，靠的就是林县人民真干、实干、愿意干的精神。

第二，实干要善干、会干、勇于干。世界上的事情都是干出来的，不但要愿意干、积极干、主动干、雷厉风行干，还要想办法干得漂亮、有创新、有效率，创造出实实在在的漂亮成绩。在这方面，我们可以向习近平总书记学习，他在工作中习惯动脑子、想办法、创新工作机制。20世纪八九十年代，时任福建宁德地委书记的习近平，开创了“四下基层”这一践行群众路线、密切党群关系的工作机制。他强调，作为共产党的“官”，应变被动为主动，把工作送上门，到基层接待群众信访。从“地区到县，县到乡，乡到村，层层下基层，把问题解决在源头，而不是把矛盾往上推”[①]。通过这种形式，可以有效地解决一些问题。实践

① 《治国理政显露轮廓——〈习近平时代〉选载》，《学习时报》2016年4月14日。

证明，这是一个受群众欢迎的有效工作方式。

1990 年 6 月，时任福州市委书记的习近平，又倡导开展以“进万家门、知万家情、解万家忧、办万家事”的“四个万家”活动，推动党员干部走出机关大院，深入基层一线。“四个万家”是对宁德“四下基层”工作机制的延续、深化和发展，延伸了党员干部联系群众的深度，拓展了民情收集的广度，加大了纾解民忧的力度，提升了便民惠民的普及度，是对新形势下党的群众工作规律的透彻认识和深度把握。

担任福建省省长之后，2002 年 6 月习近平在厦门调研时又提出了深入基层的“四个第一线”工作法，继续对党建工作制度化进行探索和实践。“四个第一线”即：“在基层第一线发现问题，及时疏导，化解矛盾”；“在基层第一线汲取群众的智慧，总结经验，指导工作”；“在基层第一线倾听群众的愿望和呼声，为群众办实事，办好事”；“在基层第一线解决问题，推进发展”[①]。

三个工作机制虽表述略有不同，方式有所侧重，但实质无二，那就是想办法把为人民服务的事情做好。

（三）立足当前脚踏实地，要有斗争精神

通往美好未来的道路从来都不是一片坦途，在前进道路上无时无刻不面临着各种风险挑战，随时会遇到未曾预测的矛盾、问题和困难，形

① 彭心安：《习近平在厦门工作期间的百姓情怀与工作作风》，《厦门特区党校学报》2016 年第 2 期。

势千变万化，应对和化解这些风险挑战必须进行坚决的斗争，把勇于斗争和善于斗争结合起来，用斗争换取更加美好的明天。马克思说："如果斗争只是在机会绝对有利的条件下才着手进行，那么创造世界历史未免就太容易了。"① 可见，斗争就是要攻坚克难，解决现实问题。习近平总书记说："我们共产党人的斗争，从来都是奔着矛盾问题、风险挑战去的。"②

中国共产党是革命的现实主义，不是无原则的现实主义，所以要有斗争精神。我们党依靠斗争走到今天，也必然要依靠斗争赢得未来。"面对新形势新挑战，要发扬斗争精神，既要敢于斗争，又要善于斗争，在事关中国特色社会主义前途命运的大是大非问题上坚定不移，在改革发展稳定工作中敢于碰硬，在全面从严治党上敢于动硬，在维护国家核心利益上敢于针锋相对，不在困难面前低头，不在挑战面前退缩，不拿原则做交易，不在任何压力下吞下损害中华民族根本利益的苦果。"③ 通过顽强斗争打开事业发展新天地。

斗争精神是贯穿党百年历史的一条红线。作为马克思主义政党，中国共产党"不是争论俱乐部，而是战斗的无产阶级的组织"④，是永远的革命者、奋斗者。从党的百年光辉历程来看，党是因中国革命斗争的需要而产生并在斗争中不断发展壮大的，斗争贯穿了中国革命、建设和改

① 《马克思恩格斯文集》第十卷，人民出版社 2009 年版，第 354 页。
② 《习近平谈治国理政》第三卷，外文出版社 2020 年版，第 226 页。
③ 《习近平谈治国理政》第二卷，外文出版社 2017 年版，第 190 页。
④ 《列宁选集》第二卷，人民出版社 2012 年版，第 459 页。

革的全过程，是党和人民不断从胜利走向胜利的制胜法宝。可以说，百年党史就是一部伟大斗争史。正如习近平总书记所指出的那样：“马克思主义产生和发展、社会主义国家诞生和发展的历程充满着斗争的艰辛。建立中国共产党、成立中华人民共和国、实行改革开放、推进新时代中国特色社会主义事业，都是在斗争中诞生、在斗争中发展、在斗争中壮大的。”[①] 中国共产党诞生于中华民族最危险的时候，国家蒙辱、人民蒙难、文明蒙尘，前所未有的民族危机，使党一出生就铭刻着斗争的烙印，依靠敢于斗争、善于斗争才得以生存、发展壮大，并不断取得一个又一个伟大胜利。伟大斗争锻造强大政党，我们党经历的每一次伟大斗争，都让我们党变得更加坚强有力。

敢于斗争、善于斗争是党一以贯之的鲜明品格和一脉相承的光荣传统。在建党之初，中国共产党就向全世界明确宣示了自己的政治纲领，就是“以无产阶级革命军队推翻资产阶级”“采用无产阶级专政，以达到阶级斗争的目的——消灭阶级”“废除资本私有制”。[②] 很显然，中国共产党自成立之日起就把社会主义和共产主义作为自己的奋斗目标，并坚持用革命斗争的手段来实现这个目标。因此，从某种程度上讲，共产党人的哲学是以“斗争”为主的哲学，这是以马克思主义的科学理论为指引，对一切不合理的社会制度和思想观念进行严厉批判和现实的革命，与一切维护旧的私有制关系及其阶级利益的人作坚决的斗争。

① 《习近平谈治国理政》第三卷，外文出版社 2020 年版，第 225 页。
② 《中国共产党党章汇编》，人民出版社 1979 年版，第 1 页。

抗日战争中，中华民族到了最危险的时刻。无数中国共产党人为了挽救民族的危亡，冲锋陷阵，与日寇浴血奋战，英勇牺牲，成为全民族抗战的模范。1937 年 10 月 23 日，毛泽东为陕北公学成立题词："要造就一大批人，这些人是革命的先锋队。这些人具有政治远见。这些人充满着斗争精神和牺牲精神。"① 他还用武松打虎的故事激励干部战士的斗争精神。1938 年 5 月发表的《论持久战》，深入阐发了中国民众中蕴含的巨大斗争能量，强调弱国要不被消灭而且战胜强国，就必须全民动员起来斗争，激发斗争精神，进行人民战争，这样才能取得持久抗战的胜利。

此后，中国共产党一直秉持这种批判与革命的精神，与各种困难、矛盾和挑战斗争，不断取得更加辉煌的成绩。

党的十八大以来，以习近平同志为核心的党中央坚定不移推进具有许多新的历史特点的伟大斗争，以勇于自我革命的精神推进伟大社会革命，战胜一系列重大风险挑战，取得了历史性成就和历史性变革，把中国特色社会主义推进到了新时代，使中华民族迎来了从站起来、富起来到强起来的伟大飞跃，实现中华民族伟大复兴进入了不可逆转的历史进程。

---

① 《毛泽东年谱（1893—1949）》（修订本）中卷，中央文献出版社 2013 年版，第 34 页。

（四）立足当前脚踏实地，要勇于自我革命

坚持和加强党的领导，是立足当前、保证现实朝着正确方向发展的根本保障。而“强大的政党是在自我革命中锻造出来的”①。自我革命是贯穿我们党百年奋斗历程的一个重要法宝，是党历经磨难而永葆青春活力的密码所在。勇于自我革命是我们党最鲜明的品格和最大的优势，是区别于其他政党的显著标志。

第一，自我革命保证党的领导正确。以自我革命引领社会革命，最根本的是自我革命保证党始终是一个正确的、坚强的领导力量。

比如，1927 年的八七会议，就是党在早期探索中国革命遭受挫折危急关头的一次自我革命。中国共产党成立后不久，便投入轰轰烈烈的大革命运动中，但由于缺乏革命斗争经验，对主导北伐战争的国民党领导集团政治警觉不够。1927 年北伐胜利进军时，蒋介石、汪精卫集团相继背叛革命，屠杀大量革命群众和共产党人。在大革命面临失败的紧要关头，中共中央于 1927 年 8 月 7 日在湖北汉口召开会议，检讨党的工作，批判大革命后期右倾机会主义错误，确立了实行土地革命和武装起义的总方针。

八七会议上，毛泽东提出“枪杆子里面出政权”的重要思想。会议通过的《中国共产党中央执行委员会告全党党员书》指出：“我们党公开承认并纠正错误，不含混不隐瞒，这并不是示弱，而正是证明中国共

① 《习近平谈治国理政》第三卷，外文出版社 2020 年版，第 541 页。

产主义运动的力量。”八七会议不仅指出要通过自我革命纠偏纠错，还指出了自我革命的方式和办法，即“要纠正错误的方针，必须指明是怎样错误的。应当要使各个党员都得着过去的教训。我们党如果不能纠正指导机关的错误，那就一步也不能向革命的道路前进。工人阶级的革命党，要纠正自己的错误，只有公开的批评这些错误，而且要使全党党员都参加这种批评”[①]。会议制定的继续进行革命斗争的正确方针，使全党重新鼓起同国民党反动派斗争的勇气，为挽救党和革命作出巨大贡献，开启中国共产党独自担当起领导中国革命艰巨使命的伟大征程。

第二，自我革命永葆党的青春与活力。“我们党经历过多次错误，但是我们每一次都依靠党而不是离开党纠正了自己的错误。”[②]

新中国成立后，在探索新中国建设的过程中，由于没有经验和急于求成，我们党偏离了正常轨道，给党和人民带来伤痛和损失。1978 年底召开的党的十一届三中全会实现了巨大的历史转变，我们党重新确立了解放思想、实事求是的思想路线，彻底否定了“以阶级斗争为纲”的错误理论和实践，作出把党和国家工作中心转移到经济建设上来、实行改革开放的伟大决策。党的十一届三中全会没有回避党的错误。在肯定必须完整地、准确地掌握毛泽东思想科学体系的前提下，开始全面地、认真地纠正“文化大革命”及以前的“左”倾错误，审查和解决了党的历史上一批重大冤假错案和一些重要领导人的功过是非问题。1981 年制定

① 《建党以来重要文献选编（1921—1949）》第四册，中央文献出版社 2011 年版，第 410 页。
② 《邓小平文选》第二卷，人民出版社 1994 年版，第 170 页。

的《关于建国以来党的若干历史问题的决议》不遮掩不回避，不讳疾忌医，实事求是，明确指出："我们党敢于正视和纠正自己的错误，有决心有能力防止重犯过去那样严重的错误。""坚持真理，修正错误。""过去采取这个立场，曾使我们的事业转危为安、转败为胜。今后继续采取这个立场，必将引导我们取得更大的胜利。"①

党的十一届三中全会后，我们党坚决反对各种"左"的和右的错误观点。1983 年至 1987 年，全党分期分批开展了以统一思想、整顿作风、加强纪律、纯洁组织为基本任务的全面整党，取得了显著成效。我们党总结历史经验，不搞大规模运动，同时继续采取集中教育的形式，先后开展了做合格共产党员的教育、以"讲学习、讲政治、讲正气"为主要内容的党性党风教育、保持共产党员先进性教育活动、深入学习实践科学发展观活动、创先争优活动等，取得了良好效果。实践充分证明，一方面有错误改正错误、有偏差纠正偏差，另一方面又不断进行自我完善和自我提高，就是通过这种方式，保证了党永远年轻和富有朝气。

党的十八大以来，实施全面从严治党，打出党进行自我革命的"组合拳"。针对"七个有之"等严重影响党的形象和威信、严重损害党群干群关系的突出问题，突出抓"关键少数"，落实主体责任和监督责任，强化监督执纪问责；坚定不移"打虎""拍蝇""猎狐"，以前所未有的勇气和定力正风肃纪反腐，坚定不移推动全面从严治党向纵深发

① 《三中全会以来重要文献选编》(下)，中央文献出版社 2011 年版，第 173、132 页。

展；全面推进中央和国家机关、地方及基层党组织建设，持续整顿软弱涣散党组织；不断加强党内法规制度建设，形成比较完善的党内法规体系；坚持思想建党和制度治党同向发力，先后开展党的群众路线教育实践活动、“三严三实”专题教育、“两学一做”学习教育、“不忘初心、牢记使命”主题教育、党史学习教育、学习贯彻习近平新时代中国特色社会主义思想主题教育等，为推动党的自我革命开辟新境界，为党和国家事业取得历史性成就、发生历史性变革提供了有力保证。

凡事预则立，不预则废，我们不仅要着眼长远、把握大势，看准未来变化趋势和长远发展大势，做好战略规划，还要立足当下，把准当前面临的形势，敢担当，善作为，一步一个脚印解决具体问题，积小胜为大胜。

后记

2023年4月3日，在学习贯彻习近平新时代中国特色社会主义思想主题教育工作会议上的讲话中，习近平总书记总结新时代管党治党经验，指出：“党的十八大以来，面对党面临的重大风险考验和党内存在的突出问题，我们党以刀刃向内的自我革命精神，采取一系列重大战略举措，坚持和加强党的全面领导，坚定不移推进全面从严治党，党在革命性锻造中变得更加坚强有力。”与此同时，习近平总书记对于新时代新征程上管党治党面临的新情况新问题也有着十分清醒的认识：“党内存在的思想不纯、组织不纯、作风不纯等突出问题尚未得到根本解决，一些已经解决的问题有可能死灰复燃，一些新的问题还在不断出现。”

直面问题是勇气，解决问题是水平。直面并解决这些问题，是新时代新征程上管党治党、兴党强党必须迈过的沟沟坎坎。

实际上，联系党的十八大以来管党治党的重大成就、有效作为解读党的二十大精神党建篇章的重要内容，可以发现，始终保持解决大党独有难题的清醒和坚定，是一项极为重要的认识成果，为新时代新征程上更好推进管党治党、兴党强党提供了方向指引。

正是基于这样的考量，受“始终保持解决大党独有难题的清醒和坚定”这一重大论断的启发，我们以《始终保持清醒和坚定：大党难题与大党治理》为题，组织撰写了本书。本书各章初稿的写作分工是：黄相怀撰写前言、后记和第三章，蒋晋光撰写第一章，宋屹东撰写第二章，陈双飞撰写第四章，张玉宝撰写第五章，李书省撰写第六章，赵秀华撰写第七章。在写作中，作者团队试图用更鲜活灵动的语言阐述党的理论，以利于更好提升阅读体验。外审专家在出版过程中给予了指导与修改，在此一并表示感谢。

作　者

2023 年 5 月 10 日